中村 浩
Hiroshi Nakamura

ぶらりあるき
シンガポールの博物館

Singapore Museum

芙蓉書房出版

シビル・ディフェンス・ヘリテージ・ギャラリー

アート・ミュージアム

クラウド・フォレスト

シンガポール切手博物館

新加坡佛牙寺龍華院

亀の博物館

シンガポール・シティ・
ギャラリー

フラワー・ドーム

ランド・トランスポート・ギャラリー

アート・ハウス

マレー文化村（ジョホールバル）

シビル・ディフェンス・
ヘリテージ・ギャラリー

ニューウォーター・ビジターセンター

ポリス・ヘリテージ・センター

チャイナタウン・ヘリテージ・センター

ガーデンズ・バイ・ザ・
ベイの夜景

マレー・ヘリテージ・センター

中国庭園

日本庭園

まえがき

マレーシアの博物館から始めたアジアの博物館シリーズの四冊目になります。本書で対象とするシンガポールは、マレー半島の先端に位置し、かってはマレー連邦を形成していた国の一つでした。分離独立した当初は、とくに資源に乏しく、水さえもマレーシアから供給を受けるという状況で、国家としての将来が危ぶまれたこともあったようです。しかし国を挙げての創意工夫の結果、中継貿易と観光産業などに活路を見出します。現在のシンガポールの街はまさに急速な都市化工事が進み、バブル絶頂期のようにも見えます。

マレーシアとは、多民族国家として、また交易によって発展してきたという共通点があります。両国の歴史・文化は似たような発展をたどってきたようで、博物館にも同じような内容の施設が多く見られます。

シンガポールで最も注目されるのは、動物・植物に関する博物館施設です。動物園、ナイトサファリ、ジュロンド・バード・パークなどをはじめ、世界的にも珍しい亀の博物館もあります。また、パンダが見られるリバー・サファリやマリンタイム・ライフなどの施設も続々とオープンします。

植物園関係では、近年オープンしたガーデンズ・バイ・ザ・ベイや大温室のクラウド・フォレスト、フラワー・ドームなどのほか、早くから公開されている植物園（ボタニック・ガーデン）、ジンジャー・ガーデン、国立蘭園（ナショナル・オーキッド・ガーデン）、広大な日本庭園、中国庭園など、見るべきところがたくさんあります。

もちろんこのほかの博物館も規模、設備、展示内容ともに素晴らしく、機会を作って是非とも訪ねていただきたい施設ばかりです。シンガポールは、観光分野に国をあげて力を注いでおり、その面からも博物館の充実に努力しているようです。観光客の増加とともに相乗効果が生まれ、さらに博物館の発展にもつながっていくことを期待したいと思います。

二〇一三年早春

中村　浩

ぶらりあるき　シンガポールの博物館●目次

産業・経済に関する博物館　47

警察・消防・軍事に関する博物館　65

美術・工芸・芸術に関する博物館 79

科学・自然科学に関する博物館 87

動物・植物に関する博物館 91

人物の顕彰に関する博物館 111

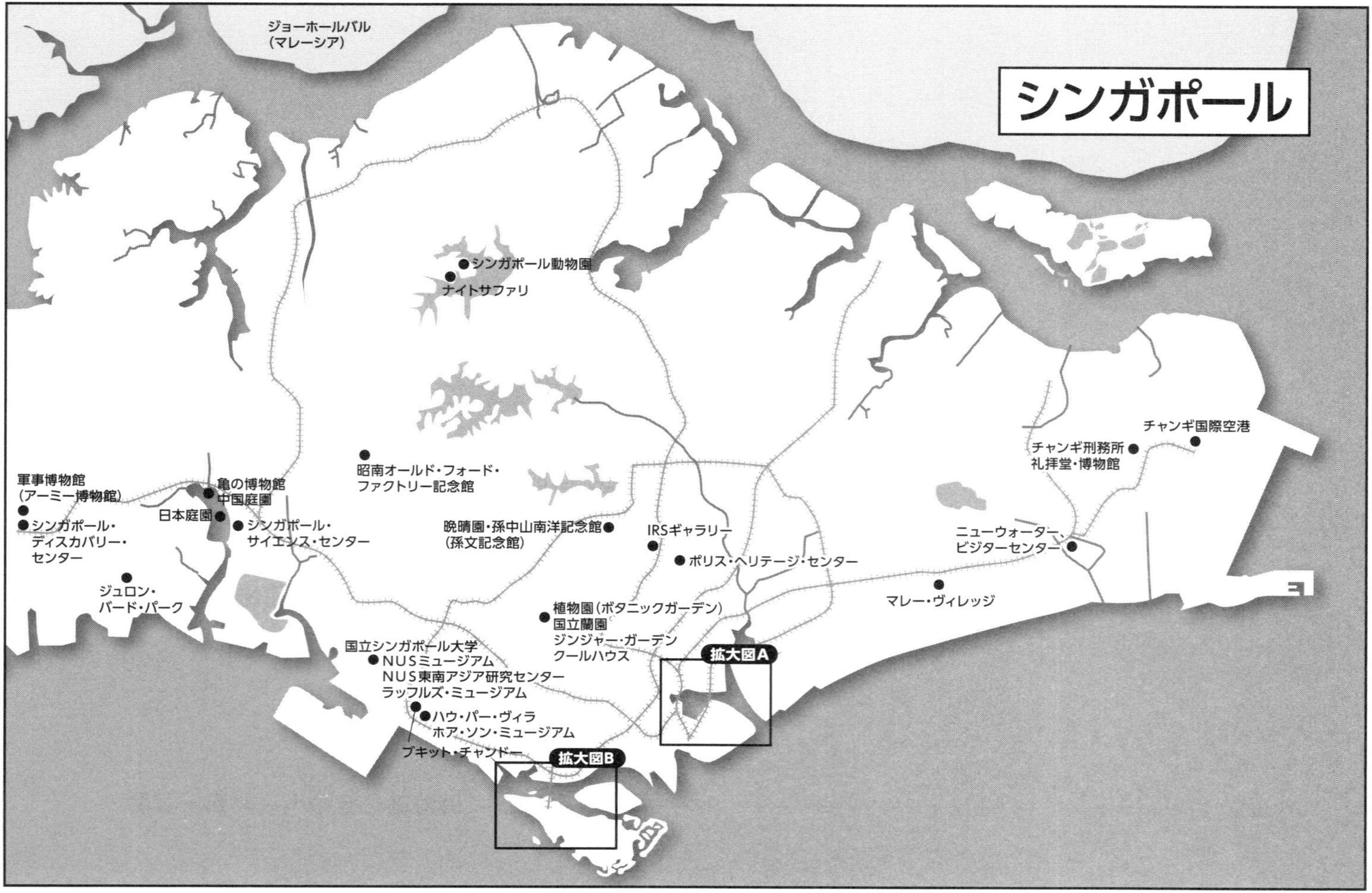
シンガポール
ジョーホールバル
(マレーシア)
シンガポール動物園
ナイトサファリ
昭南オールド・フォード・
ファクトリー記念館
軍事博物館
(アーミー博物館)
シンガポール・
ディスカバリー・
センター
亀の博物館
中国庭園
日本庭園
シンガポール・
サイエンス・センター
ジュロン・
バード・パーク
晩晴園・孫中山南洋記念館
(孫文記念館)
IRSギャラリー
ポリス・ヘリテージ・センター
植物園(ボタニックガーデン)
国立蘭園
ジンジャー・ガーデン
クールハウス
国立シンガポール大学
NUSミュージアム
NUS東南アジア研究センター
ラッフルズ・ミュージアム
ハウ・パー・ヴィラ
ホア・ソン・ミュージアム
ブキット・チャンドー
拡大図A
拡大図B
マレー・ヴィレッジ
ニューウォーター・
ビジターセンター
チャンギ刑務所
礼拝堂・博物館
チャンギ国際空港

拡大図A
シンガポール中心部

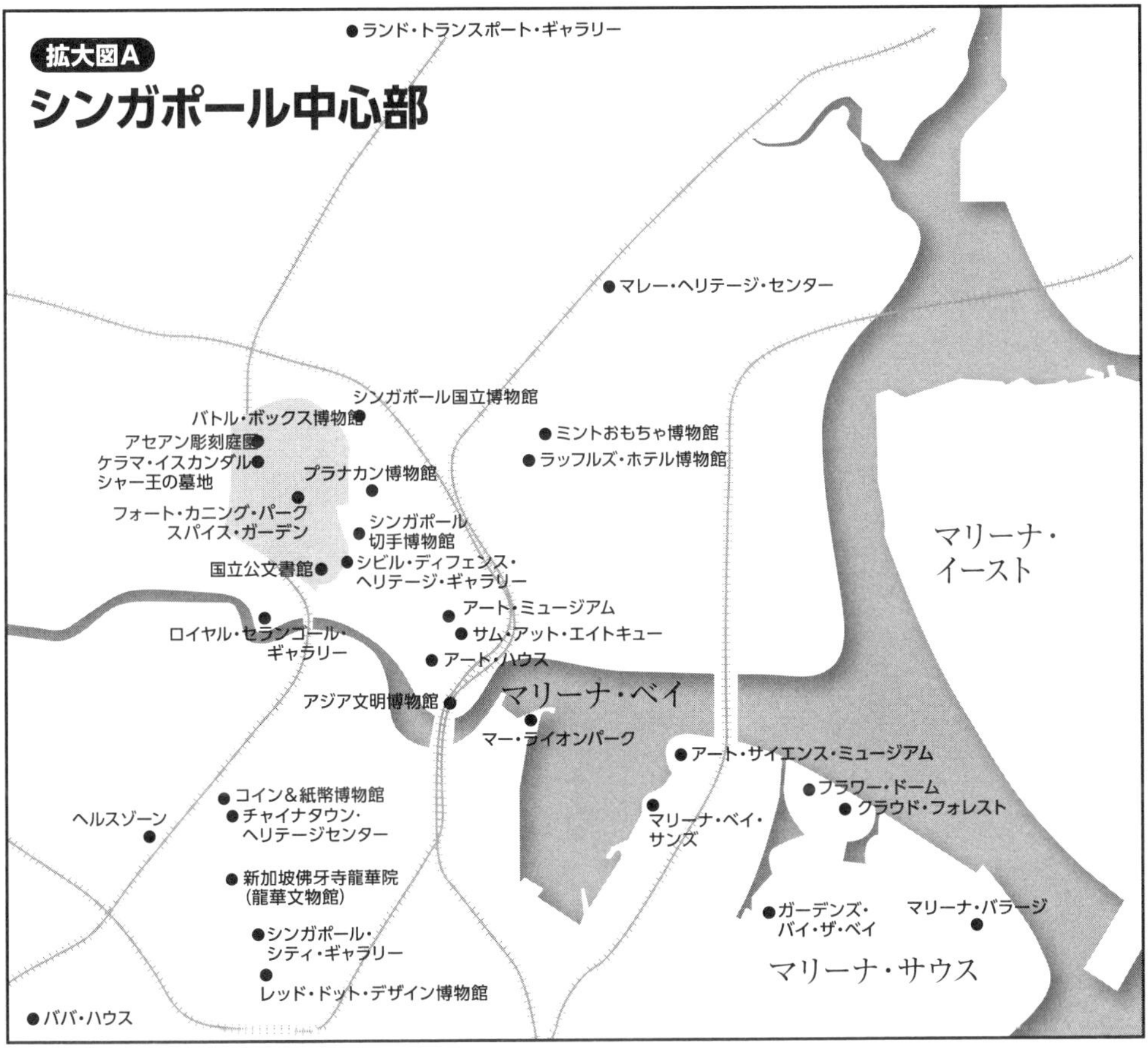
ランド・トランスポート・ギャラリー
マレー・ヘリテージ・センター
シンガポール国立博物館
バトル・ボックス博物館
アセアン彫刻庭園
ケラマ・イスカンダル
シャー王の墓地
プラナカン博物館
フォート・カニング・パーク
スパイス・ガーデン
シンガポール
切手博物館
国立公文書館
シビル・ディフェンス・
ヘリテージ・ギャラリー
ミントおもちゃ博物館
ラッフルズ・ホテル博物館
マリーナ・
イースト
ロイヤル・セランゴール・
ギャラリー
アート・ミュージアム
サム・アット・エイトキュー
アート・ハウス
マリーナ・ベイ
アジア文明博物館
マー・ライオンパーク
アート・サイエンス・ミュージアム
フラワー・ドーム
クラウド・フォレスト
マリーナ・ベイ・
サンズ
コイン＆紙幣博物館
チャイナタウン・
ヘリテージセンター
ヘルスゾーン
新加坡佛牙寺龍華院
(龍華文物館)
シンガポール・
シティ・ギャラリー
レッド・ドット・デザイン博物館
ガーデンズ・
バイ・ザ・ベイ
マリーナ・バラージ
マリーナ・サウス
ババ・ハウス

拡大図B
セントーサ島

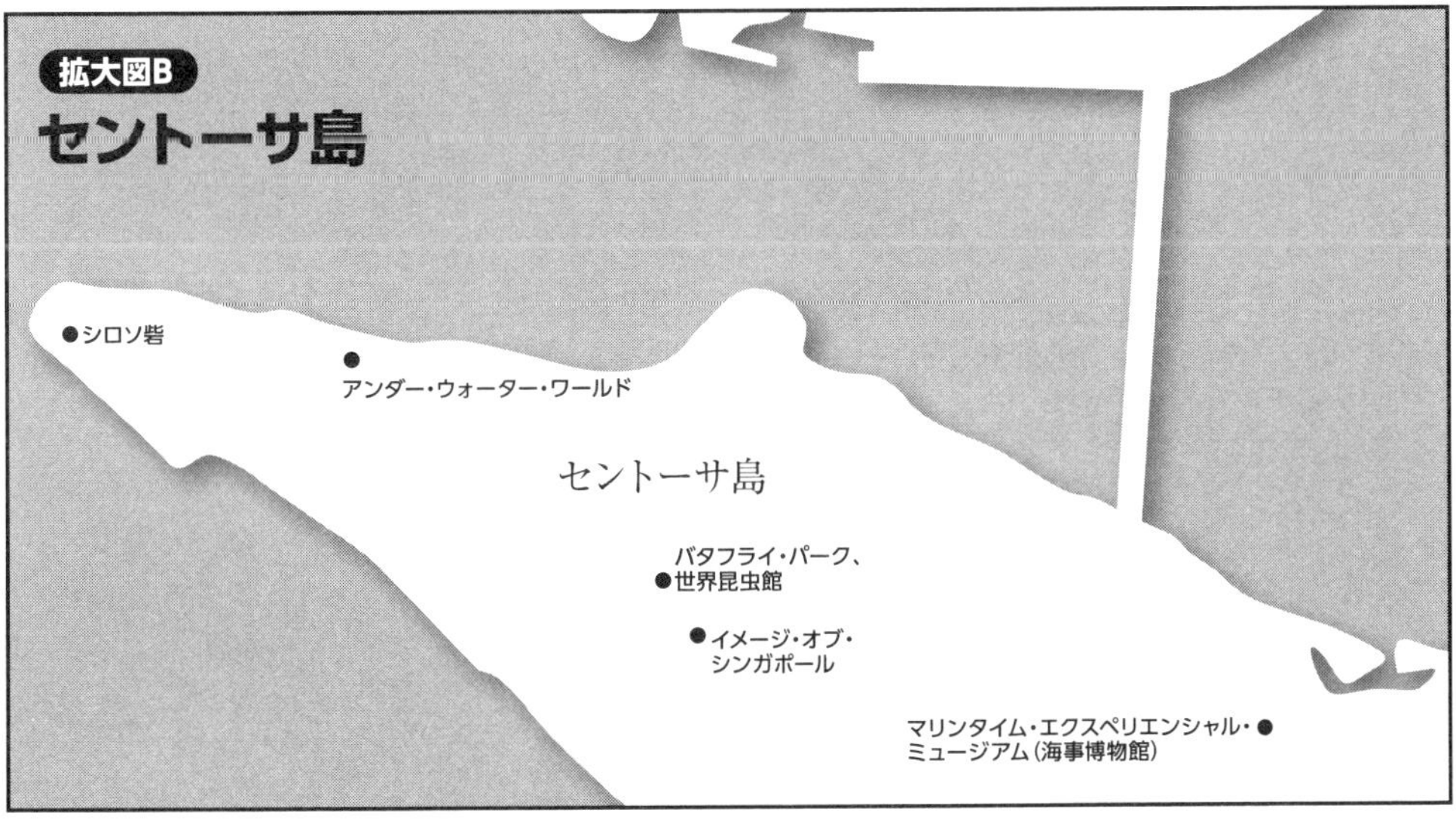
シロソ砦
アンダー・ウォーター・ワールド
セントーサ島
バタフライ・パーク、
世界昆虫館
イメージ・オブ・
シンガポール
マリンタイム・エクスペリエンシャル・
ミュージアム（海事博物館）

歴史・民族（民俗）に関する博物館

シンガポール国立博物館
アジア文明博物館
プラナカン博物館
フォート・カニング・パーク
ケラマ・イスカンダル・シャー王の墓地
国立公文書館（ナショナル・アーカイブス）
チャイナタウン・ヘリテージセンター
ババ・ハウス
マレー・ヘリテージ・センター
マレー・ヴィレッジ
イメージ・オブ・シンガポール
国立シンガポール大学博物館（NUSミュージアム）
NUS東南アジア研究センター

国や地域の歴史・民族について知るには、それぞれの博物館を見学するのが最適です。マレー半島の先端に位置する島、シンガポールは多民族国家として知られています。とくに資源もないシンガポールは、貿易の中継基地として発展してきました。また観光にも力を入れており、博物館などの施設建設にもそうした姿勢がうかがえます。伝統的建造物を博物館に転用することで、文化遺産を有効活用するといったこともよく行われています。まず、シンガポールの歴史と民族を物語る博物館を訪ねてみましょう。

＊シンガポール国立博物館　National Museum of Singapore

市街地の中心部に位置するシンガポールを代表する国立博物館です。シンガポールの歴史、民俗をわかりやすく紹介しています。館内はヒストリー・ギャラリーとリビング・ギャラリーに区分されており、工夫を凝らした展示が行われています。

「ヒストリー・ギャラリー」が博物館のメイン展示となっています。ここでは、シンガポールの歴史を紹介しています。

エスカレーターを利用して二階から入ります。入口で解説の音声ガイドを借りることができます（日本語もあります）。中に入ると「シンガポール三六〇度」と名付けられた円形ホールがあります。ホールは全面マルチスクリーンで、シンガポールの現在の姿を上映していま

シンガポール国立博物館

す。バックグラウンド・ミュージック（ＢＧＭ）にはロシア人作曲家が作曲したシンガポールをたたえるポップ調の曲が大音響で流されています。車の洪水、人間の動き、港への船舶の出入り、空港での混雑など大都会シンガポールのあわただしい日常の姿が映像で映し出されていきます。

見学者は、この喧騒の世界を過ぎ、ひたすら螺旋《らせん》の坂を下がって行きます。下がることによって、歴史を遡っていくことを表しているそうです。やがて静寂と暗闇の中にいざなわれます。

■ヒストリー・ギャラリー

一三世紀～一四世紀頃のシンガポールは交易が盛んな港湾都市であったことを示す展示が展開されています。出土した多数の考古遺品、中国から輸入された陶・磁器の豊富さは当時の貿易が盛んであったことを物語っています。ここには「シンガポール・ストーン」と呼ばれるシンガポールに現存する最古の文字が書かれた謎の石があります。この石は一〇世紀以前に遡ると考えられています。表面に書かれた文字は、交易に関連したものではないかとされていますが、いまだ解読されていません。シンガポールの成立に関連する歴史展示コーナーは、わかりやすく要領よくまとめられています。

「イギリスの到着一八一九年」（Arrival of the British 1819）のコーナーでは、イギリス人のトーマス・スタンフォード・ラッフルズの渡来を画期としてシンガポールが発展していったことが示されています。交易で栄えた一三世紀からラッフルズの渡来までかなりの期間がありますが、この間の歴史についてはほとんど触れられていません。

間もなく「近代のシンガポール」へといざなわれます。小テーマごとの展示コーナーがあります。たとえば「植民地の一八一九～一八二四年代」、「一八二〇～一八六〇年代の中心地」、「港町の一八六〇～一八七〇年代」、「イギリス統治の写真」、そのほか、日本統治時代である「昭南の一九四二～一九四五年」、「一九四五年から一九五九年」、「一九五八年から一九七二年の新国家へ」と、それぞれ画期となる展示で

中国系移民が葬儀に利用した豪華な霊柩車

す。

シンガポールで行われてきた様々な生産活動や行事、人々の生き様が、写真パネルやジオラマ、関連する品物（実物）、映像によって示されています。見学者を歴史の世界に引き込んでいき、飽きさせない工夫がされています。とくに目を惹いた展示品に、中国系移民の葬儀用の霊柩車があります。豪華な装飾に囲まれ、布に覆われた柩が置かれています。その時代で考えられる限りの贅が尽くされているように見えます。

■ライフスタイル・ギャラリー

ヒストリー・ギャラリーでシンガポールの歴史を見た後はライフスタイルの展示室に向かいます。ここには人々の暮らしに直接関係する食事、ファッション、フォトグラフィなどに焦点を当てたテーマごとの独立した展示室が用意されています。それぞれの展示室で配布されている冊子を引用しながらみていきましょう。

〈ファッション・ギャラリー〉（服飾文化）

まずファッションからのぞいてみましょう。ここでは一九五〇年代から一九七〇年代のシンガポール女性のアイデンティティの変化をファッションの移り変わりから見ていくことができます。シンガポールでは一九五〇年代は、欧米文化に影響を受けた若者たちがファッション界に大きな影響を与え、従来のアジア的な女性の衣服が西洋的な服装に変化を遂げます。一九六〇年代からは、急速な経済発展によって仕事に就く女性が増え、同時に女性の購買力が増えました。これによって古い慣習から女性は解放され、ライフスタイルもファッションも大きく変わっていきました。

展示はまずドレスのシルエットから始まります。ここには一九六〇年代初期に見られた西洋風ドレス、一九七〇年代半ばのサリー、一九六〇年代のチャイナドレス（チョンサム）などの伝統的な衣装に西洋風の影響が色濃く反映された様子を示しています。「コスモポリタン」と題されたコーナーでは傘、ハンドバッグ、パンプス、イヤリングとネックレスなどの装飾品などが展示されています。中国系女性のチャイナドレスとアクセサリーの展示では、一九六〇年代のドレスとパンプス、手袋、口紅、香水、コスチュームジュエリーなどが並べられています。このほか、「化粧品とかつら」、「若者文化」、「パンツスーツとアクセサリー」、「ファーストレデイ」、「サリーのまとい方」、「ミシンとウエディングドレス」、「チャイナドレス（チョンサム）を仕立てる」などのコーナーがあります。

様々な民族が集まった社会にあって、当然のことながらそのファッションにも違いがあります。民族ごとに違いながらも進化してきた服装、それぞれの仕立て方や材質、さらには着用法まで親切に解説されており、女性のファッションへのこだわりを見てとることが

ファッションギャラリーのドレスの展示

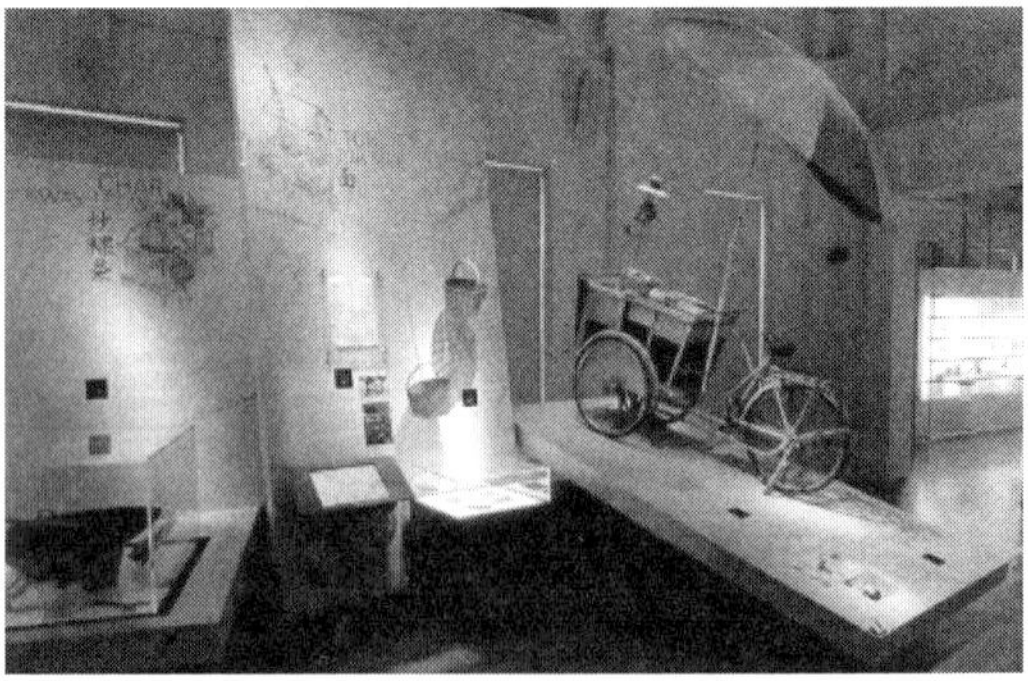

右端にあるのがホーカーとよばれた屋台の自転車

台所で使われた道具の数々

できます。

展示室には色彩豊かな布地が上下に吹き流しのように配置されており、目を楽しませてくれます。ガラスケース内のドレスはシンガポールの気候に合うような淡い色調の涼しそうな印象のものです。こうしたものが好まれたようです。

〈フード・ギャラリー（食文化）〉

食文化の展示コーナーでは、ホーカーと呼ばれる路上の屋台を通じて一九五〇年代から七〇年代にかけてのシンガポール人の暮らしを紹介しています。ホーカーの歴史は一九世紀まで遡ります。男女比が一〇対一という、圧倒的に女性が少ない時代、屋台は欠くことのできないものでした。一九四〇年代になって男女比がほぼ同じとなり、家庭を持つ人々が増えたことで、家庭でのあたたかい食事が屋台の食事にとって代わるようになっていきました。以来、屋台で食べるということは、家庭とは異なる形での食事のスタイルで、多くの人々に親しまれており、今ではホーカーの屋台飯メニューは海外でも知られるようになりました。

食文化のコーナーは、入口側の部屋の左から奥へ向かって、①ラクサ、②チャー・クエイテイ、③トクトク麺、④クエ・トゥトウ、⑤ロテイプラタと続き、右手に奥から、⑥ナシレマ、⑦サバラット、⑧バクテー、⑨海南チキンライス、⑩サテーと展示されています。いくつかについてもう少し詳しくみてみましょう。

①のラクサとは、マレー料理と中国南部の料理が混ざりあって生まれたものです。ココナツ・ミルクを使った辛い汁をかけた太いビーフン麺がメインで、海老ペースト（プラチャン）、烏貝、もやしなどがトッピングされています。干しエビ入りの辛い唐辛子ペーストを添えて食べます。一九六〇年代のエナメル製の重ね弁当箱（テイフイン）、一九七〇年代の陶器製ラクサ碗とスプーンなど、この食事メニューで使用された道具、食器も展示されています。

③トクトク麺の由来は、麺売りの拍子木の音が「トクトク」という音に聞こえたからということです。

⑥ナシレマは、ココナツ・ミルクと香りつけのパンダンの葉を入れて米を炊き、小魚を添えて、海老とチリのソース（サンバルブラジャン）と一緒にバナナの葉で包んだものです。これをマレー人の女性の売り子が、竹籠や籐籠に入れて担いで売り歩きました。また中国系の売り子は、ご飯に鶏の手羽先揚げやオムレツなどを付けるアレンジを加えました。ここでは蒸し物用醤油入れ（一九七〇年代）、竹籠（一九八〇年代）、籐で編んだ帽子（一九六〇年代）などが展示されています。

⑩のサテーは、タミル語で肉を意味する「サタイ」からきています。鶏肉、牛肉、マトンなどをコリアンダー、クミン、フェンネル、ターメリック、レモングラス、タマリンドなど地元産の香辛料を混ぜたものに漬けて焼いたものです。ご飯を固めたものと一緒に出され、一七世紀にポルトガル人が南米からもたらした唐辛子とピーナッツを使ったタレを付けて食べます。サテーはマレー人やインドネシア移民によって売られていました。日本人には焼き鳥か串焼きのようにも見えますが、スパイシーな味わいは独特なものです。

サテーの屋台（一九七〇年代）、椰子のうちわ（一九七〇年代）、竹製の担ぎ棒（一九六〇年代）などが展示されています。

シンガポールの伝統的な料理を見た後は、奥の展示室に向かいます。長いケースが井桁のように置かれ、中央にも展示物が並べられています。周囲には六六種類ものスパイスの展示があります。長いケース⑪には伝統的な菓子作りの型が置かれています。中華菓子としてよく知られる月餅の型やマレー菓子で用いられるケーキの型などがあります。
⑫ではコーヒーショップ（コピティウム）の紹介がされています。今ではごく普通にコーヒースタンドが見られますが、これはその先駆け的なものです。カップなどの展示品は、海南人が経営するコーヒーショップで実際に使用されていたものです。⑬ではココナツおろし器、⑭ではスリ鉢とスリこぎという日常調理で使用されていた道具が展示されています。最後に⑮は「キッチンおもしろ発見」と題し、シンガポールで生活する人々が台所で使う道具が集められています。

■フォトグラフィ・ギャラリー（写真展示）

写真のコーナーでは、「一〇〇年の間にシンガポールがどのように変化してきたのかを家族の写真を通してみることができる」と館のガイドブックにはあります。「子供や親族を含めた大家族が物質的に満たされた生活をしているのが基本です」と説明されています。しかし一九世紀のイギリス領マラヤ（現在のシンガポールを含む）は稼ぎを得るための一時的な場所にすぎませんでした。やがて時代が下り、永住する人々が増えるとともに写真館の仕事の需要も増えてきました。ここで撮られ残された写真はかつての家族の姿を今に伝えてくれます。

最初に飾られている写真はジョホールのスルタン妃を撮影した一九三〇年代のものです。妃はトルコ系の女性で、当時としては珍しい異民族同士の国際結婚でした。写真には一九〇〇年代の銀製のバックルやロザリオが写っています。

「故郷への手紙」（からゆきさん）

「故郷への手紙」と題された写真は特に目をひきます。一九〇〇年代に撮影されたもので、シンガポールで働いていたからゆきさん（日本人の娼婦）の姿です。彼女たちは働いて得た金の多くを日本の家族に送り、残ったわずかな金から、当時としては高価な写真館での写真を撮ったのかもしれません。あるいは当時のからゆきさんには写真を撮るような余裕はなく、身請けされる際に別れる友人と写真を撮るというようなことがあったのかもしれません。着物姿でポーズをとる若い二人の姿には、何とも切ない思いを禁じえません。ここには二人の写真のほか、二〇世紀の香水の瓶、化粧用の鏡の写真パネルが添えられています。

このほか、一九一二年のプラナカンの家族四人の肖像写真、蓋つきの器（カンチェン）をはじめ、ヨーロッパ人家族の写真、シンガポールでの同一民族間の結婚式風景、一九六一年までシンガポールで見られたという一夫多妻制の家族写真など、様々な家族の思い出の写真が展示されています。またこれらの写真を撮影した箱型機材も飾られています。ネガの修正を行う一九六〇年代の中国製の道具、スタジオ用カメラ、屋外用、携帯用カメラなども見ることができます。

■フィルム＆ワヤン・ギャラリー（映画とワヤン）

次に、映画とワヤンのコーナーをのぞいてみましょう。シンガポールの国産映画の発展の歴史と大衆人気の強かった中国オペラ、ワヤン、人形劇についての紹介があります。

映画の展示室に入ると、マレー映画の黄金期の様子を三連のスクリーンで上映しています。シンガポールには第二次世界大戦後、ショウブラザース・マレー映画製作会社とキャセイ・クリス映画製作会社という二つの会社が生まれ、一九五〇年代から六〇年代の全盛期に両社で二六〇本の映画作品が作られました。スクリーンの後には、映画雑誌、映画スターの写真、撮影機材、外付けスピーカー、大きな蓄音機などの展示があります。

映画のコーナーを過ぎると、中国オペラ(現在の京劇)やワヤン、人形劇に関する展示がありますこれらはシンガポールの移民の間で人気の大衆娯楽でした。とくに移民の多くを占めていた中国東南部からの人々は、彼らの地元特有のスタイルの中国オペラや人形劇を持ち込みました。

人形劇の舞台が置かれています。これは一九三〇年代に中国福建省の劇団シン・サイ・ロクが使用していたものです。舞台は一〇〇〇個を超える豆電球で飾られています。この舞台は一時間ほどで組み立てられ、舞台が終われば解体されるというものので、持ち運びに便利なようにできています。舞台の下方には西遊記などのエピソードを描いたパネルがあります。

人形劇の舞台

中国オペラの展示では、刺繍が施された豪華な衣装を見ることができます。中国オペラの衣装は、役によって衣装が異なり、観客が役者の演じる役を簡単に見分けられるようになっています。衣装は、マン(四爪龍の施された上着)、ペイ(高官の私服)、カオ(武人の鎧)、ゼー(一般人の上着)、イ(そのほかの衣装）に分類されます。ここには、絹にスパンコールを伴った広東オペラの龍の刺繍が美しい上着や冠、腰帯、靴をはじめ北京オペラの龍の文様が施された上着、潮州オペラの衣装など、中国各地のオペラの衣装や付属物が集められています。衣装は中国オペラが全盛期であった明時代（一三六八‐六四四年）に使用された様式で作られています。

このほか、役者が使う髪飾りや小道具などが展示されています。

■ウイリアム・ファーカーコレクション

一九世紀にマラッカに駐在したイギリス人ウイリアム・ファーカー（一七七四～一八三九）が、この地域の動植物を細密かつ正確に描かせた絵画が残されています。総数四七七点を数えるこれらの絵画は、芸術的にも科学的にも貴重なコレクションです。このコレクションは、一九九三年にロンドンの有名な美術オークションのサザビーズの競《せ》りにかけられました。そしてシンガポールの慈善家によって一九九五年と一九九九年に博物館に寄贈されました。二〇一一年冬に訪問した時には、このコレクションの専用展示室が設けられており、ゆったりと見学することができました。

ウイリアム・ファーカーコレクションの展示

珍しい熱帯の植物や動物が描かれている絵画もあります。植物では、スイカや、ザクロ、パパイヤ、パイリップル、マンゴー、レッド・バナナなどよく知られた果物の絵も見られ、みずみずしさが伝わってくるようです。またスイートポテトをはじめ、ジャーマンポテト、ジンジャー、サトウキビ、蓮など、花、茎、葉、根まで精巧に写されています。

果実や花の名前程度は知ってはいても、その葉がどんな形なのか、枝はどのようにのびているのか、根がどのような形で地中に根を張っているのが、どんな色なのか、知らなかったことが多いことに気づきます。夏休みの宿題に植物採集の標本を作ったことがあると思いますが、その植物をこれほど克明にスケッチしたことはないかもしれません。このスケッチを残した人は、最初に見た植物をしっかり観察し、その美しさを紙上に残そうとしたのでしょう。

✽アジア文明博物館　Asian Civilizations Museum

シンガポール川の河口にある博物館です。シンガポールを中心に、近接する南アジア、西アジア、中国、東南アジアの文化を紹介する博物館です。建物は地上三階、地下一階で、展示室は一～三階のフロアです。

展示コーナーは、シンガポール・リバー・ギャラリー、東南アジア・ギャラリー、西アジア・ギャラリー、中国ギャラリー、南アジア・ギャラリーに分かれています。

シンガポール・リバー・ギャラリーは、シンガポールが河口に形成された港町から発展したことを示す展示です。河口周辺地域から出土した陶磁器は中国から交易品としてもたらされたものです。港湾労働者の暮らしぶりを再現したジオラマからは、活発な交易の陰で展開された人間模様も併せてみることができます。無造作に吊り下げられた洗濯された衣類、梯子がかけられた三段ベッドでくつろぐ人、思い思いに

アジア文明博物館

港湾労働者の宿舎を再現したジオラマ

食事をとる姿などリアルな描写です。人形とは思えないほど表情のあるものもあります。喧噪と殺伐とした雰囲気の中で息づく港町シンガポールの様子が伝わってきます。

洗濯されたブルージーンズがケース内に広げた状態で置かれています。港に係留された小型船の写真と共に、当時の荷物運搬用の手漕ぎボートが展示されています。ライト・ブルーに外面を塗装した船は、幅一メートル足らず、長さは二、三メートルしかありません。

ギャラリー3・4、4aは東南アジア・ギャラリーです。東南アジアは何千年もの間、西欧世界との貿易の交差する地点、世界の十字路として賑わってきました。交易活動に伴って様々な思想や宗教がもたらされ、東南アジアの古代社会に浸透していきました。

荷物運搬用の手漕ぎボート

まず先史時代の展示から始まります。この地域には少なくとも四万年前の旧石器時代に人が住んでいたとされています。六〇〇〇年前には農業が主たる生活手段となって定住化が進みました。青銅器や土器に見る発達した技術を持っていったと考えられます。古代の人々は航海術と農業技術にたけていたと研究者は考えており、人々の暮らしを物語る品々が展示されています。たとえばタイの文化ではバンチャン土器があります。素焼きの素地に朱色の顔料で幾何学文様などを描いたもので、紀元前三〇〇～二〇〇年頃の東南アジア地域における新石器時代土器の代表格です。同じくタイの一八世紀アユタヤ文化の青銅製の仏像をはじめ、伝統的な織物であるバテック、北ベトナムの紀元前一八〇～一〇〇年頃の青銅製銅鼓、クメール文化の製造彫刻、八～九世紀の青銅製仏像群などを見ることができます。

次は東南アジアの仏教のコーナーです。一一世紀にはビルマとスリランカのつながりが東南アジアに上座部仏教をもたらしました。その後徐々にヒンズー教に変化し、上座部仏教はカンボジア、タイ、ラオスの主要な宗教となります。

ジャワの王国のコーナーでは、一六世紀のジャワの激動の時代が舞台となります。北岸の貿易都市国家からイスラム教が広がり、スルタン・アグンのもとで第二マタラム王国（マタラム・イスラム王国）が発展しました。やがてオランダ東インド会社（ＶＯＣ）の介入でマタラムの支配力は徐々に衰退し、一七世紀の終わりにはオランダがジャワの政治経済をほぼ掌握しました。この結果、スラカルタとジョグジャカルタの両宮廷では、芸術や文化の成熟度を競うことに多くの精力が注がれました。こうして宮廷は高度に儀式化され贅沢になっていきました。

「中国化した東南アジア」のコーナーでは、漢の時代、紀元前一世紀から中国の影響を強く受けてきたベトナムが紹介されています。ベトナムでは土着の思想と仏教、儒教など中国の思想が融合して、ベトナム独自の文化を形成していきました。

マレー世界のコーナーでは、古くから東南アジア原産の珍しい香辛料や熱帯作物などの東西中継貿易を中心に発展してきた様子がわかります。世界各地からやってきた貿易商人たちは新しい思想、技術、そしてたくさんの富をもたらしました。こうした貿易による富は、海賊や海外からの侵略者の関心も集めることになり、やがてヨーロッパ列強によって植民地として支配されることになっていきます。

東南アジアの少数民族のコーナーでは、文明博物館がラッフルズ・ミュージアムと呼ばれていた時代に始まったコレクションが紹介されています。ここでは交易で栄えた中心部の市街地からは遠く離れた地域の民族（山岳民族のモン族、ヤオ族、アカ族、カレン族、ロロ族、島嶼部のダヤック族、パタック族、ニアス族など）の独自の物質文化に注目しています。

「東南アジアの宝飾品と布地に見る豊かな世界」では、それぞれの文化の独特な表現でもある、形、色、モチーフなどを、理解しやすいように比較展示しています。

芸能コーナーでは、ガムランや伝統的な仮面舞踊に用いられる仮面などが展示されています。地域の伝統芸能と宮廷で育まれた芸能との関連性を理解することができます。

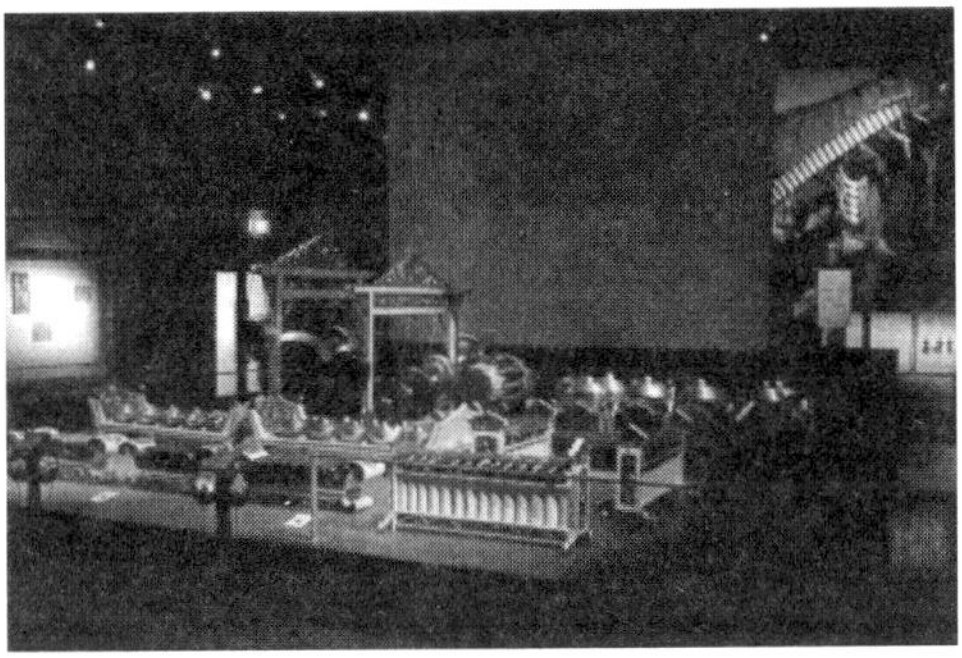

ガムラン音楽の楽器

次に西アジアギャラリーをのぞいて見ましょう。大きく三つのテーマが掲げられています。

最初のテーマは、「日常生活の行動原理としてのイスラム教」です。イスラム教徒のあらゆる生活がその教えによって規定されていることを知らされます。基本となるよりどころはコーランと預言者の言行を記録したハーディースの二つです。そして生活は、信仰、神への奉仕、行動の規範によって規定されています。このうち神への奉仕では、信仰告白（シャハーダ）、一日五回の礼拝（サラート）、宗教税（ザカート）、ラマダンの月に行われる断食（サウム）、メッカへの巡礼（ハッジ）が五つの行として知られています。

モスクの内部での礼拝の様子がジオラマ展示されています。また、メッカの方向を示す壁のくぼみ（ミフラーブ）の映像が流されています。

第二のテーマは「イスラム芸術」です。ここでは、イスラム教の中心となる教義の影響を受けて芸術は発展したという学者の説などを紹介しています。コーランは性の描写を禁じてはいませんが、正統派の人たちからは認められていません。描写することができない神を信仰する宗教として偶像崇拝に陥ってしまうことを危険視したからだということです。このためイスラム世界の芸術家たちは、抽象的な幾何学文様やアラベスクで抽象的なモチーフを作り上げていったのです。アラベスクとは様式化された、曲線の多い、複雑、かつ優美な蔓草文様をさします。

第三のテーマは「知識の探求」です。イスラムでは知識を探求する行為は古くから崇拝行為の一環と考えられてきました。イスラムの教育では、学ぶということは師の家やモスク、あるいは宗教的な学校（マドラサ）において、人から人へと伝えられるものでした。その中心はコーランや預言者ムハンマドの生涯についてですが、世界のことを学ぶというのも含まれていました。ここでは、イスラムの科学者たちが医学、数学、天文学という領域でどのような役割を果たしてきたのか知ることができます。

以上のように、このギャラリーはイスラムの教義と信仰を紹介することを重点とし、マルチメディア、実物などによって理解できるように展示されています。

西アジアの石仏

同じ二階の展示フロアには中国ギャラリーがあります。

まず皇帝制度についての展示です。紀元前二二一年から二〇六年の秦代以来、中国は中央集権制のもと統一国家を築き上げてきました。周代に氏族的血縁関係の思想を根拠として家長権威を強化した制度である宗法制度、様々な儀式、皇帝は天命をもって統治するという天命思想などが体系的にまとまった結果、秦の時代に皇帝制度が誕生しました。皇帝のための織物や陶磁器の展示からは、皇帝が享受した贅沢な生活の一端を知ることができます。

一般家庭では父親がいわば皇帝の役割を果たしました。年長者や祖先への敬意は中国の社会に深く根付いてきました。そのことは祖先崇拝の儀式や葬送儀礼に顕著に見られます。これらに関連する資料が「家父長制度」のコーナーに並べられています。男性ばかりではなく、女性に与えられた役割についても触れられています。

次は「中国の庶民生活」のコーナーです。中国社会は基本的に階級社会でしたが、万民に公平な実力主義社会でもあり、実力次第では昇級することも可能でした。中国の四つの階級（文人、農民、職人、商人）の暮らしと階級間の影響について、「都市化」「陶磁器」「綿織物産業」「交易の発達」というテーマの中でも触れられています。文人・学者の生き方がほかの階級が目指す模範となっていました。絵画、書、中国将棋、音楽といった芸術など彼らがすごした環境、使用した道具類へのこだわりなどは文人の書斎を再現したジオラマで見ることができます。

中国ギャラリーの展示

「中国の伝統的な宗教と哲学」のコーナーでは、道教と大衆宗教について考えます。

道教は不老長寿の仙人の思想として広く知られています。しかし本来は幸福な人生、宇宙や自然の原理と調和、長寿の探求をするものでした。ここでは多くの神々や海を守る女神の展示を通じて、不明瞭な定義を併せ持つ大衆宗教「道教」が紹介されています。

仏教はインドから中央アジアを経由して中国に紹介され

ました。やがて外来の新しい宗教であったものが中国文化に完全に吸収され、発達していきます。その思想的な深みは道教と同様、文人や官僚にとってインスピレーションの源となり、また幻滅を感じた時には逃げ道ともなりました。展示では、皇帝が保護した仏教、観音信仰や羅漢信仰という大乗仏教としての側面にも触れています。

ギャラリー7・8は南アジア・ギャラリーです。

ギャラリー7では、インドの文明の黎明に遡り、発明や技術の進歩などを紹介しています。「南アジアの文明の始まり」のコーナーでは、インダス河およびその支流のサラスパティイ川流域の初期文明に関する展示品が集められています。「発明と新技術」のコーナーでは、天文学や占星術、記録法、医学の発展において古代南アジアの果たした役割を紹介しています。

この地域はヒンズー教、仏教、ジャイナ教、シーク教の四つの宗教の発祥地として知られています。これらの宗教は現在でもインド亜大陸全域で信仰されています。仏教はラダックやブータン、スリランカや東アジアへと広まっていきました。

ヒンズー教関連ではシヴァ神やヴィシュヌ神が寺院に安置されている様子が紹介されています。また、仏教とジャイナ教の彫像を比較することで二つの宗教の類似点と相違点を解説した展示もあります。

「家から寺院への道程」というテーマ展示があります。南インドの伝統的な家を出発し町へ行くという設定で、建築、宝飾品、民間信仰の神々、古典的な青銅製の彫像、木彫工芸品、神話を題材にした絵画が並べられ、信仰の背景や宗教の持つ意味がわかるようになっています。

最後は、植民地とマラヤとの関連の展示です。植民地時代にヨーロッパ人が香料を求めてやってきたことによってインド亜大陸は近代化しました。ヨーロッパ人が持ち込んだキリスト教がいかに地域文化と関わっていったのかを考えます。

イスラムの織物

ギャラリー8は、中世とイスラムの時代の展示です。一三世紀から一九世紀にかけてのヒンズー教とイスラム教の文化、その相互の影響を検証しています。またイスラム的なムガール帝国ヤラージプート王朝の宮廷の芸術や、織物、絵画を展示しています。一六世紀に確立されたシーク教を紹介するコーナーもあります。

この博物館は、シンガポールを中心としたアジアの文化を紹介したものですから、東アジアの朝鮮、日本などは対象となっていませんが、アジア各地の文明の黎明期から発展、最盛期までの歴史の流れを多くの歴史資料、美術品を通じて紹介しており、見ごたえのある博物館でした。

✿プラナカン博物館　Peranakan Museum

フォート・カニング・パークの東側にある、白亜の三階建ての建物です。この建物はかつてはアジア文明博物館として使用されていましたが、シンガポール川の河口に移転したため、改装されてプラナカン博物館になりました。

プラナカンとは、マレー語で「子供たち」という意味で、その土地生まれの子を表わします。東南アジアは古来貿易交易の交差点として栄えてきました。そこに集まる商人たちの中には現地の女性と結婚し、そこに根をおろした人たちもいました。彼らが今日のプラナカンの始まりです。

この博物館では、展示室を一〇のギャラリーに区分しています。

一階のギャラリー1は、「ルーツ」がテーマです。プラナカンには、チテイ・メテカ（インド系ヒンズー教徒）、ジャウイ・プラナカン（インド系ムスリム）中国系プラナカンがいます。ここでは、最も多い中国系プラナカンを中心に展示が行われています。まず目立つのは、プラナカンの人々のポートレートが多く掲げられていることでしょう。故郷を離れて新たなコミュニテイを創りあげてきたという誇り、アイデンティティを垣間見ることができます。

二階のギャラリー2～5は、「結婚式」がテーマです。一二日間にも及ぶ結婚式の豪華な儀式の様子と様々な関連品を見ることができます。この儀式にとくに大切とされているものに、女性が手作業で作ったビーズ細工があります。これは実に見ごたえのある作品です。テーブルクロスなどの大きなものからスリッパまで、大小さまざまなビーズ細工と刺繍があります。ビーズ細工は、プラナカンの娘たちが幼いころからたしなみの一つとしてきたものですが、気の遠くなるような作業だったでしょう。これらの細工品と共に、結納の儀式やそこで交換される品々などが展示されています。

ブラック・ウッド（黒檀）製の椅子に注目しました。座る部分と背もたれには、文様が施されたような自然の石がはめ込まれています。熱帯性気候のシンガポールでは、来訪客が座った時に少しでも冷たく感じるように配慮していたのだそうです。このほかヨーロッパ調の家具も見られます。プラナカンの人々の中にはヨーロッパへ留学した人も少なくありません。彼らがもたらしたヨーロッパの陶磁器や九世紀の家具調度品も多く展示されています。

プラナカン博物館

中国本土から取り寄せた陶器

背宛てに石の装飾を伴った椅子

三階のギャラリー6は「ニョニャ」、すなわちプラナカンの女性がテーマです。ニョニャは幼いころから結婚後の生活に備えて厳しくしつけられます。とくに長い時間をかけ様々な技術や習慣を習得します。その時に用いられた道具や技術の素晴らしさから代々のニョニャが大切にした伝統文化を知ることができます。

ギャラリー7は「宗教」がテーマです。中国系の場合は道教や仏教が多く信仰されていますが、中には西欧に学びキリスト教に改宗する者もあらわれます。その一例として展示されているのが聖母子像の祭壇です。伝統的な形の木製家具にはめこまれた聖母子像はどこか不自然な感じを与えます。

一方、伝統的な信仰も見られます。「Door Gods」とあるのは別名「門神」と呼ばれるもので、家を守る重要な神を門扉の外面に色彩豊かに描いたものです。高さ二四八センチ、幅一七四センチの両開きの門扉で、二〇世紀に使用されていたものです。このほか陶磁器製の神像も展示されています。

人生の重要な通過儀礼である「死」をテーマにした展示があります。葬送儀礼は最も重要な儀式であり、民族性を表現する最高の演出が施される機会でもあるのです。祖先を祭る祭壇は大きく、彫刻も豪華なものです。

このフロアには、プラナカンの裕福な家庭の食卓のジオラマがあります。淡いピンク色の陶磁器の皿や鉢、壺などが並べられていますが、いずれも中国景徳鎮に注文して造らせたというものです。テーブルの脚の先端には二重に重ねられた小皿の虫よけが付けられています。小皿の一方には水と塩を入れておくと、甘いものに群がる蟻などの害虫から食卓を守ることができるのだそうです。色彩豊かな文様の陶磁器が多数展示されているケースを通り過ぎると、床一面に敷き詰められたタイルが目に入ります。色彩の豊かさやデザインの豊富さを楽しむことができます。

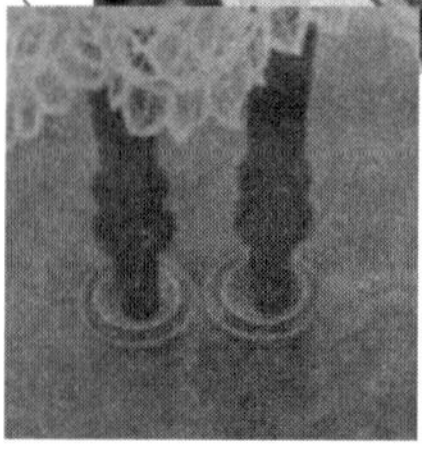

プラナカンの裕福な家庭の食卓。テーブルの脚に取り付けられた虫除け

★プラナカン文化

プラナカンとは「子孫」あるいは「末裔」を意味するマレー語・インドネシア語です。シンガポールを含むマラッカ地域には一五世紀後半から数世紀の間、中国、インド、インドネシア地域などから多くの人々が貿易のためにやってきました。やがて現地の女性と結婚し、そこで生まれた子孫をプラナカンと呼びます。彼らは貿易で莫大な富を築き、経済的な豊かさを背景に独自の華麗な生活文化、社会を作りあげていきました。出身地域によってプラナカン文化は異なりますが、中国系プラナカンはよく知られています。プラナカンの男性をババ、女性をニョニャといいます。ニョニャ料理は、中華素材にハーブやスパイスを用いた独特な食文化です。プラナカン社会はある種のエリート集団を形成しており、政治・経済の中枢を占める人物を輩出しています。

✻フォート・カニング・パーク　Fort Canning Park

国立博物館の背後に位置する丘陵全体が整備され、フォート・カニング・パークとして市民に開放されています。

発掘調査によって、この丘の歴史が一四世紀までさかのぼることが明らかになりました。一四世紀はテセック王国のマレーシア王が君臨していた時代でした。マレーシア年代記には、この場所は伝説のライオンを見たというテセック王国のスリ・トリ・プァナ王が定住の地として選んだ場所であり、この王が、その島を「シンガープラ」すなわちライオンの街と名付けたという記録が残されています。

やがてシャム王国とマジャパヒト王国の攻撃によって包囲され、テセック王国の最後の王イスカンダル・シャー王がこの地から逃亡します。その後、一八一九年にラッフルズ卿が上陸するまで、僅かに港町での細々とした商業が続いていたということのほかは、シンガポールに関する記録は残されていません。

ラッフルズの上陸後、当時のマレーシアの人たちが「ブキランガン」という丘を「禁じられた丘」と称して、そこに上ることを恐れていました。その丘に、かつての王宮があったと考えていたからでした。ラッフルズが丘のジャングルを調査したところ、古い煉瓦作りの建物が発見され、その伝説を裏付けることになりました。その丘こそがフォート・カニングの丘だったのです。

その後、ラッフルズはこの地に居を構え、一八二二年には最初の植物園を建設します。また一九世紀半ばまでシンガポール総督がこの丘に居を構えていたので、通称政府の丘（ガバメント・ヒル）とも呼ばれました。一八六〇年頃にはシンガポール総督、インド初代総督であったビスカウント・チャールス・ジョ

豪華な仏壇と仏具

ン・カニングの名前と「要塞化」という意味の言葉（フォート）を合わせ、フォート・カニングと名付けました。やがてこの丘はイギリス軍の基地となり、日本占領時には日本軍が、そして最終的にはシンガポール軍によって使用されました。

現在この丘には、スパイス・ガーデン、ケラマ・イスカンダル・シャー王の墓地、英国植民地時代のフォートゲート、バトルボックス（地下に造られた元英国軍の司令本部）、アセアン彫刻庭園、貯水池などの施設があり、いずれも見学できます。

✿ケラマ・イスカンダル・シャー王の墓地
Keramat Iskandar Syah

フォート・カニングの丘にあります。

マレーシア語でケラマは「神聖な場所」を意味します。崇拝された指導者、王の遺骸が埋葬されたと伝えられるからです。ペンドポと呼ばれる一四世紀のマレーシアの瓦葺きの屋根は、インドネシアに起源を求めることができます。戦う鶏のモチーフが彫られた二〇本の柱で支えられた屋根に覆われた中央に、遺骸を収めたという柩が置かれています。

ケラマ・イスカンダル・シャー王の墓地

ここには柩を守るための守衛が配置されており、柩の外周部分のコンクリートには靴を脱いで上がることが求められます。守衛は一人ですが、十分にこの場所の静寂を維持し、荘厳を保っています。

案内ガイドにはイスカンダル・シャー王が葬られているという伝説があるとされていますが、実際には墓があったのかどうか明らかではないようです。しかし伝承が現在まで残されてきたことから、何らかの霊魂崇拝の場所であることは間違いないとも言われています。フォート・カニングの丘は、考古学調査によって一四世紀の陶磁器などの遺物が出土しており、この丘がシンガポール域内では、最も古くさかのぼる歴史の刻まれた土地であることは証明されています。

✾国立公文書館（ナショナル・アーカイブス） National Archives of Singapore

フォート・カニングの丘の麓の傾斜面に建設された近代的な建物が国立公文書館です。ここにはシンガポールの過去の公文書や歴史資料が保管されています。

近代的で瀟洒な白亜の建物の入口を入ると、写真パネルがかけられた小さな展示ホールが左右にあります。写真などからたどるシンガポールの歴史のパネル展示で、まさにアーカイブにふさわしい内容でしょう。中央に受付カウンターがあり、そこでは専門の担当者が資料の利用に関する問いあわせや相談を受付けています。展示ホールを通過するとドア越しに明るい閲覧室が見えます。

国立公文書館

✾チャイナタウン・ヘリテージ・センター Chinatown Heeritage Centere

ＭＲＴチャイナタウン駅を出て、商店街が続くパゴダ・ストリートを東へ一〇〇メートルほど歩くと、

ヘリテージセンターの看板

中国人街の形成の歴史をジオラマで解説した博物館があります。店が建ち並ぶ商店街の一角にあるため、博物館とはわからず通り過ぎてしまいそうです。アーケードのテントに隠れて見えにくいのですが、チャイナタウン・ヘリテージセンターの標示があります。

中に入ると、「原貌館」と草書体で書かれた看板が掛けられています。一階から三階が展示フロアです。一階は大半が中国の産物の販売店で、展示らしいものは、奥にある中国の帆船模型ぐらいです。一八世紀の後半、この帆船に乗って多くの中国人が、家族のため、あるいは家の改修費用を稼ぎ出すためなどさまざまな理由で、仕事を求めてこの地に到ったとの解説があります。船は中央に大きな帆、前後にやや小型の帆が張られています。船の傍らにはなぜか番傘や大型の団扇が置かれています。

二階に上がってみましょう。まず「到着」のコーナーから始まります。風まかせの船旅は、シンガポールまで数週間、あるいは数ヵ月かかることもありました。無事航海を終えても、そこには過酷な労働と劣悪な生活環境があり、定着できたのはごく一部の人だけでした。次の展示室では、彼らの故郷やルーツが取り上げられています。一門、一族のつながりは団結を強めていきましたが、過酷な労働や生活状況の中で不道徳な世界に身を落と

帆船の模型と大きな団扇

すものも出てきます。娼婦、賭博、麻薬などの誘惑は常に彼らの傍らにありました。ここには娼婦の部屋のジオラマなどがあります。女性の裁縫師、靴商人、女性預言者、鉄道線路工事などに従事する苦力《クーリー》と呼ばれた肉体労働者、狭い居室など、シンガポールへ移住してきた中国人がどれほど苦労して現在の地位を築いてきたのかが、ジオラマで理解できます。

エレベーターで三階の展示室に上ってみましょう。まず目に入るのが洋服の仕立屋のジオラマです。このジオラマを中心に、男性用の背広から女性用のドレスまで、様々な仕立屋やアクセサリーなどを扱う宝飾店の店先が写真と実物をうまく組み合わせて再現されています。

チャイナタウンの食堂を再現

チャイナタウンの日常風景の展示では、キャビネットの脚の先端部に注目してください。小さな皿が床面に置かれ、その上に脚が置かれています。アリのような虫がキャビネットの中に入るのを防止する工夫で、食卓にも用いられることがあります。

人込みで賑わう市場の雑踏風景、庶民の胃袋を満たした大衆食堂などチャイナタウンにかつて見られた風景が再現されています。近代のシンガポールの縮図の一つといえるでしょう。

間口が狭く、奥行きが長い建物の構造に合うように、写真パネルを効果的に背景に使った展示は、解説の文章が少なくてもわかりやすい工夫だといえます。

✻ババ・ハウス　Baba House

チャイナタウンの南西、MRTアウトラム・パーク駅の南に位置するカラフルな建物は、シンガポール国立大学（NUS）が管理する文化遺産で、事前予約がないと入れません。日本語、英語のどちらかのガイドツアーをウェブサイトから予約できます。見学には専門のガイドが案内してくれます。

ババとはプラナカンの男性を意味し、ニョニャは女性を意味します。この家は、プラナカンの家族が住んでいた伝統的な住居です。建物は三階建てで、間口が狭く奥行きが長い独特な造りをしています。マレーシアのマラッカで見た中国系住民の家などと共通しています。

建物の正面はすべてライトブルーに統一され、一階中央には両開きの木製の扉、上部に「種盛」と揮毫された看板が掛けられ、左右に方形の縦格子の入った大きな窓が設けられています。二階にも同じような扉窓があり、左右の窓の下方には白色の透かし装飾があります。三階は上部が円形の縦長の窓が三個あります。各階の窓や扉は濃い茶色で、周囲を細い金色の線が囲んでいます。隣の建物は、壁面の色が淡いえんじ色、もう一方の家は、さらに淡いライト・ブルーとホワイトと、競うように際立っています。

ババ・ハウスの正面

建物内部には祖先の位牌を祭る祭壇があり、供え物や花瓶など仏具が前机の上に置かれています。香炉には、線香が焚かれていました。

玄関脇にある応接室には黒檀の椅子やテーブル、飾り棚などの装飾彫刻が素晴らしい家具が置かれています。奥には台所や食堂などがあり、この建物が奥に長い構造であることがわかります。建物の中ほどに造られたやや傾斜が急な階段を上って二階に進みます。二階フロアは家族の居住空間に充てられた場所です。木製のベッドや衣類の収納箪笥、化粧台などの家具、調度品が置かれています。

新婚カップルと両親の部屋は区分されており、いずれの居室にも立派な家具が置かれています。玄関の直上にある部屋には、外出が許されなかったというプラナカンの若い未婚の女性が天井の穴から、こっそりと訪問客をのぞき見したという小窓が床に設けられています。

＊マレー・ヘリテージ・センター　Malay Heritage Center

ＭＲＴブギス駅の北東部、アラブストリート地域に、マレー民族の歴史と民俗を紹介する博物館があります。一八四〇年にサルタン・フセイン・シャーの息子サルタン・アリによって建てられた王の宮殿を利用しており、国家遺産委員会によって運営されています。マレー・ビレッジとは対照的に、近代的なコンクリートつくりの二階建ての建物です。

建物の前方にある広い庭は手入れが行き届いており、その一角にマレー民族が使用した帆船が野外展示されています。

建物内部にはマレー半島の地図やマレー民族の歴史、民俗を物語る資料がテーマ別に展示されています。

まずマレーの文化展示コーナーでは、二〇〇〇年三月のセンターの改修工事に先立って行われた考古学の発掘調査で出土した一九世紀から二〇世

マレー・ヘリテージ・センター

前庭に展示されている帆船模型

ワニの形をした古銭

紀の陶磁器やガラス製品が展示されています。また、鉄製品はかつての暮らしぶりを知る重要な手掛かりとなりました。そのほか、コーランの冊子や、イスラム独特の形状をした剣、儀礼用の金属器をはじめ、小型の大砲、ワニの形をした彫刻、航海に使用された帆船の模型などが展示されています。

次にマレー・コミュニテイの一九〇〇年から一九四五年のコーナーがあります。ここでは、二〇世紀の前半にマレーのイスラム社会にジャワ、スマトラなどをルーツとする新たな民族が流入し、アラブ、エジプト世界とは異なるイスラム世界が形成されていったことが物語られています。また、この時期には映画製作が盛んだったことが展示からうかがわれます。

最後に「マレー社会の今日と明日」というテーマが掲げられています。文字通り、今日の状況が示され、未来に向かって若者に期待する様子が示されています。

イベントも多く開催され、希望すればガイドによる案内も受けることができます。

✻マレー・ヴィレッジ　Malay Village

マレーの伝統的な建物である茅葺屋根のマレー・カンポン（マレーの集落）を観光用の民俗村として復活させたものです。東部のイーストコーストにあります。集落の中央には広い土間の伝統的な建物があります。またヴィレッジの内部には工芸品を扱う店や食堂などがありますが、ほとんどの店は午後にならないと開かないようです。建物の一角に民俗資料が集められた博物館があります。

マレー・ヴィレッジ入口の看板

✻イメージ・オブ・シンガポール　Image of Singapore

セントーサ島にあるアミューズメント施設の一つです。シンガポールのイメージを民俗、歴史の両面から、ジオラマを中心に表現しています。

展示は四つのテーマから構成されています。第一の「シンガポールの四つの風」では、シンガポールが中国系、マレー系、インド系、さらにユーラシア系の民族から構成された多民族国家であることを解説しています。ガイダンス・ホールでは、映像で民俗習慣が異なる人種が一つの国家を形成していることを理解させようとしています。人種や民俗習慣の違いを調和し、共同してシンガポールを創りあげてきたことを歴史的に説明しています。

次は「シンガポールの冒険」です。交易の港として発展してきたシンガポールですが、始まりは漁民の

イメージ・オブ・シンガポール入口

住む小さな漁村でした。そこから現在の近代的な都市に発展するまでを、家族の記念写真を通じてたどります。体験談や当時の写真等から発展の歴史をたどっていこうとするものです。

次に、各民族の間で行われてきた祭りにスポットを当てます。中国系市民の結婚式やインド系市民の結婚式のジオラマは、人生最大の儀式でもある祝い事に大きな違いがあることを認識させてくれます。中国系市民のシンガポールにおける生活状況、マレー系市民の社会生活、インド系市民の社会の様子が、それぞれの民族が生業としていた仕事のジオラマで展示されています。ジオラマ展示がとても多いのですが、解説がほとんどありませんでした。

最後は今後のシンガポールの発展について考えるコーナーです。多民族国家であることを認識したうえで、それぞれの民族が一つとなって組み立てていかなければならないということを語りかけています。

多民族国家シンガポールがどのように運営されているのか、過去、現在、未来のビジョンはどのようなものか、遠来の外国人にもイメージできる展示内容の施設です。

中国系民族の暮らし

✻国立シンガポール大学博物館（ＮＵＳミュージアム）
NUS Museum

国立シンガポール大学のキャンパス内にある大学博物館です。大学のカルチャーセンターの建物の一角にあります。この建物は学会や学内外の交流会、パーティーなどに利用される会議場も併設されています。

博物館は三つの展示フロアから構成されています。受付は二階にあります。入口を入ると、まず自然科学部門の展示コーナーです。鳥の祖先にあたる小型の恐竜の骨格標本が天井から吊り下げられ、魚類の剥製などはケース内に展示されています。天敵の蛇を飲み込んでいる大きなカエルのホルマリン漬け標本が瓶に入れられて置かれています。また、ラッフルズの時代から集められてきた標本があります。なかでもこの地域に住む鳥類の標本は色彩の鮮やかさに目を惹かれます。マレー熊の剥製も、その愛くるしさに思わず笑みがこぼれます。このフロアにはこのほかにも様々な民俗資料が展示されています。

エレベーターで一階に降りると、中国美術の展示です。中国の陶磁器、青銅器のコレクションがありますが、陶磁器のコレクションが圧倒的に充実しています。中国唐時代の三彩陶器には鎮墓獣や龍耳壺などのほか人物俑など唐時代を代表するものが多く見られます。とくに漢時代の青銅製の樹木は、枝の部分は青銅製で、根元は土器という珍しいものです。

このほか長沙窯の黒瓷、白瓷をはじめ、定窯、耀州窯、鈞窯、吉州

シンガポール大学カルチャーセンター

天敵の蛇を飲み込んでいるカエルの標本

窯、建窯など中国各地の代表的な窯製品が多く集められています。また菁白瓷では龍泉窯などの製品のほか外国からの輸入品、宋代の青磁碗、皿、鉢、壺などがあり、白磁も代表的な器種があります。

白地に藍色が映える元、明時代の染付けや青花など大小さまざまな代表的なものは全て揃っているようです。製品が生産地ごとに配置され、地域差がよくわかるようになっています。

青銅器には、鏡や剣などがあり、石器や甲骨文字の資料も見ることができます。

また同じフロアに、陶磁器の破片ばかりを集めた展示室があります。破片は、シンガポール大学がフォート・カニングの丘などの発掘調査で出土したものです。この丘にはケラマ・イスカンダル・シャー王の墓地の伝承の地があります。周辺の調査で、六〇〇年から七〇〇年以前の中国元朝末期の龍泉窯や福建窯の陶磁器資料が出土しました。その後は空白期間を経て、一九世紀の中国陶磁器が確認されています。このほかにも大学が関与した発掘調査で出土した破片がケース内にあふれんばかりに置かれています。

土器や陶磁器の破片は膨大な量が出土しますが、それらが展示公開されるまでには、水洗い、接合、復元という長い工程が必要です。破片は、断面の色、土質などを見極めて、同じものを根気よく集めていきます。そして集まったものをジクソーパズルのよ

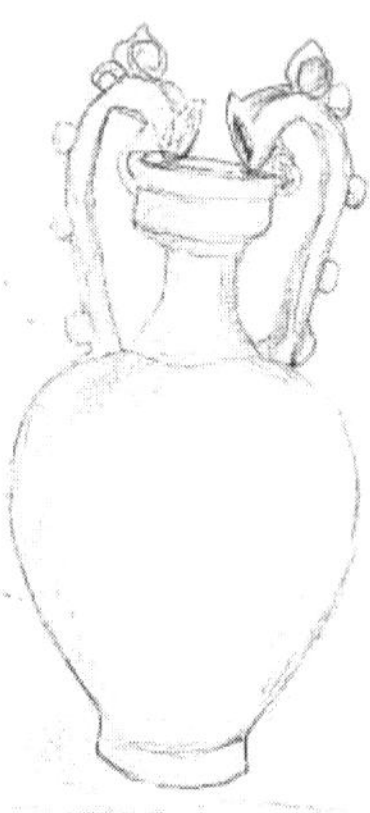

唐時代の龍耳瓶

うにして接合部分を探すのです。その接合段階で出土層ごとに類似例を集めます。この博物館では、床面に設けられた溝状のガラスケースにまとまった破片を一括で展示しています。考古学を専攻する者は整理段階の状況はよく目にするのですが、このように展示に組み込まれているのを見るのは初めてでした。思いもよらない方法であり、画期的な展示といえましょう。

三階では現代の芸術家による彫刻作品や絵画作品のコレクションを展示していました。この大学とかかわりのある芸術家の作品が集められているのではないかと思います。また学生の作品も展示されているようで、教育成果の公開にも一役買っているようでした。大学博物館の幅の広さを感じさせる展示でした。

大学構内にはラッフルズ博物館があります。これについては別項で触れますが、近い将来、大学博物館の隣に移築される計画があるとのことです。

溝状のガラスケース内に展示されている土器や陶磁器の破片

＊ＮＵＳ東南アジア研究センター　Institute of Southeast Asian Studies

シンガポール国立大学構内の一角にある東南アジア研究の拠点です。博物館のような展示設備はとくになく、ホールの壁面にガラスの展示ケースが置かれ、ＮＵＳが行ってきた考古学調査で出土した遺物と調査成果が展示されています。中国宋代の青磁器や明清代頃の染付、素焼き土器など多様な出土遺物が見られます。また青銅製品や鉄製品などもあり、時期的には中世から近代にいたる幅の広いものが見られます。

産業・経済に関する博物館

マリーナ・バラージ
ニューウォーター、ビジターセンター
レッド・ドット・デザイン美術館
ラッフルズ・ホテル博物館
シンガポール・コイン&紙幣博物館
IRSギャラリー（シンガポールタックス・ストーリー）
シンガポール・シティ・ギャラリー
ロイヤル・セランゴール・ピューター・ギャラリー
ランド・トランスポート・ギャラリー
マリンタイム・エクスペリエンシャル・ミュージアム（海事博物館）
マーライオン・パーク

ここでは、生活に直接かかわる産業に関する博物館施設をとり上げました。シンガポールは工業用水や水道用水の確保が建国当初から重要課題でした。それに関連する施設、マリーナ・バラージのギャラリー、通貨の博物館、市街化計画に関するギャラリーなどを紹介します。

✻マリーナ・バラージ Marina Barrage

マリーナ地区のサウス地区とイースト地区に囲まれた水路と外海との境界に設置された堰です。展示施設はサウス地区にあります。

シンガポールは、大半の水を隣国マレーシアからの輸入に頼ってきました。しかし、マレーシアからの水の供給は両国の取り決めで供給期限が定められています。シンガポールにとって水の自給は大きな問題であり念願でした。その解決策の一つが、海水から淡水を生産するプラントであり、川の水を貯水して浄水化をはかるというものでした。

隣国マレーシアのジョホールバルとシンガポールを結ぶシンガポール海峡に架けられた橋には、自動車用と鉄道用、そして三本の水道管があります。かつてはこの三本の管がシンガポールへの水供給の動脈として使用されてきました。しかし現代では、このうちの少なくとも一本は逆にシンガポールからマレーシアへの送水管として使用されています。こ

マリーナ・バラージの堤防

れはシンガポールの水事情が大きく改善されたことを物語るものです。

マリーナ・バラージはシンガポールの水生産にかかわる重要な施設です。ここは河川の水を貯めておく貯水池です。河口に造られていることから、海水の進入を防ぐために工夫された堰が設置されています。これによってできた人工池は、普段は市民のためにボート遊びなどのレジャーに提供されています。また建物の屋上からはガーデンズ・バイ・ザ・ベイが一望できます。

展示室の中央には貯水ダムと、そこに設置されている堰の構造を示した大きなジオラマが置かれています。貯水池の水量が飽和状態になった場合は、余分の水を海に排水できるように、堰を自動的に開閉させています。一方、貯水量が海水面より低い状態の場合は、海水が貯水池に逆流することのないよう常に監視されているようです。高波や大潮によって海水面が上昇した場合でも海水が入らないように堰が構築されていることや、逆にダム側が満水となった場合には海に放水する仕組みがわかりやすく示されています。突然、雷鳴音が鳴り、天井からシャワーが降ってきます。熱帯の激しい雨を表しています。

ダムと堰の構造を説明するジオラマ

ギャラリーには、水に関するテーマをイメージしたいくつかの展示があります。例えば、ペットボトルの空き容器で壁を造ったり、青や赤などの色彩豊かな光線で水の流れをイメージしたディスプレイのほか、シンガポールの市街地の模型などがあります。シンガポール市街地のジオラマは、上空から眺めるような構造になっており、わかりやすく見学することができます。

施設の屋上は芝生で覆われており、そこからはマリーナ・ベイ・サンズが一望できます。大きく発展していくマリーナ・ベイ地域を見渡せる最高の場所です。

✻ニューウォーター・ビジターセンター
New Water Vister Center

海水を淡水化する事業の広報センターです。

実は、チャンギ国際空港近くにある大規模な工場に行ったのですが、ここは重要な政府機関でもあり見学や写真撮影は禁止されているとのことでした。ただし帰路の途中にビジターセンターがあるとのことで、そこに立ち寄ることにしました。ところが、このセンターの見学は毎回一五〇名限定、それもガイドツアーで予約していないとだめだとのこと。今日、明日は見学者が満杯なので明後日の午後ならば可能だろうと言われました。明後日には日本に帰国しなければならないので、せめて写真だけでもと交渉していると、見学に来ていた学校団体の引率者がそのその団体の一員にと手を差しのべてくれたおかげで、見学できることになりました。

ガイダンス・ホールでは、インストラクターが映像を見せながら、水が如何に大切か、海水がどのようにして飲料水になってくるのかを説明します。軽妙な話しぶりで、生徒たちはどんどん引き込まれているようでした。次に、水に関するパネル展示があり、ここでもインストラクターによってシンガポールと水に関わる歴史の話があります。

次の部屋には、フロアの下にまるで水が流れているように錯覚するような光線によるディスプレイがあ

ニューウォーター・ビジターセンター

ります。単調になって見学者を飽きさせない工夫が随所見られます。この間も生徒は、私語をすることなく、説明に集中し、時々インストラクターから発せられる質問にも的確に答えていました。

いよいよ水の製作工程です。ここでは濾過の段階で日本製の特殊な布が活躍しているようです。工場には無数の管が配置され、水をろ過していく様子がわかります。見学の間も工場内では、忙しく係員の人が点検作業を行っている様子が見受けられました。

見学コースのまとめとして、映像を使用して今後のシンガポールの水事情についての説明があり、これで見学プログラムは終了です。高度な浄化フィルターと紫外線による消毒技術を駆使して海水が淡水化されるわけですが、飲用に適するようにいくつかのミネラルなどを加えています。ちなみに、ここでは一日三二〇〇立方メートルの浄化処理が可能とのことでした。

工場前のガイダンスルーム

ほぼ一時間に及ぶ見学ツアーでした。小学校卒業以来、このような工場見学は機会がなかったので、とても新鮮でした。

最後に、ニュー・ウォーターの二〇〇cc入りミニボトルを記念に渡されました。早速飲んでみましたが、市販のミネラルウォーターと全く同じ味でした。出口でインストラクターに、「素晴らしいプレゼンテーションでしたね」といったところ、「毎日同じことを話していますから」と、にこやかに返されました。

見学ができないと一旦は諦めていただけに、人々の好意に、晴れ晴れとした気持ちになってセンターを後にしました。

✻レッド・ドット・デザイン美術館
Red Dot Design Museum

チャイナタウンの一角に、ひときわ目をひくまっ赤なビルがあります。レッド・ドット・トラフィックはドイツのデザイン事務所のシンガポールにおける拠点で、優れた工業デザインに対してデザイン賞を授与しています。このビルの一階が美術館になっています。

展示は現代の工業デザインに関する製品が多く、とくに奇抜なデザインではなく実用品として商品化されているものが中心のように感じました。

掃除機や扇風機などの電気製品、椅子などの家具、時計などの身に着ける装身具、写真撮影用の三脚、ペン立てなどの文房具、パーティー用の皿や鉢などのカラフルな食器、アンダーウェア、ウェットスーツ、乳母車、スーツケース、ハンガーなど身近なものなどの新しいデザインの商品が集められています。

スポーツカーもありましたが、実物ではなく写真と模型でした。

レッド・ドット・デザイン美術館

室内の照明にも工夫があります。壁面にはカラフルな照明が施されているのに対し、天井や建物そのものの、すなわち展示物と直接関係のない空間にはほとんど照明が当てられていません。観客の目が自然と展示品に行くようになっており、大いに引き立っていました。

✻ラッフルズ・ホテル博物館　Raffles Hotel Museum

シンガポールで最も歴史があり格調の高いホテルがラッフルズ・ホテルです。一八八七年、アルメニアの富豪であったサーキーズ兄弟によって創業されました。

ホテル三階の一角には、ラッフルズ・ホテル博物館が設置されています。廊下沿いに「ミュージアム」と表示されたサインがあり、ミュージアム・ショップ側から入ります。

一八八〇～一九三〇年代は欧米人の間で海外旅行がブームだったようで、とくにアジア方面への旅行が盛んでした。このブームに乗って創業されたのがこのホテルでした。

展示スペースはほぼ客室三室分です。宿泊客を乗せた人力車をはじめ、客室の調度品として置かれていた豪華な家具を見ることができます。またホテル内のレストランなどで使用されていたロゴマーク入りの皿や鉢などの食器が集められています。さらにホテルに関わる歴史的な資料も収集・展示されています。

このホテルに宿泊したチャーチルやチャップリンなどの写真や有名人のサインなども見ることができます。展示品の数々から、このホテルの歴史と伝統の重さを知ることができます。

宿泊客を乗せた人力車

ラッフルズ・ホテル博物館

✻シンガポール・コインと紙幣博物館　Singapore Coins and Notes Museum

チャイナタウン・ヘリテージセンターの近くにある博物館です。外見は宝飾店のようにも見えます。館の前方通路には、ヤップ島で流通していた、中央に穴のあいた大きな石の貨幣が展示してあります。誰でも手を触れられる場所にあります。

受付に申し出ると、係の女性が外の階段から二階に案内してくれました。厳重なドアを開くとギャラリー1・2のフロアです。ギャラリー1は、初期のシンガポールの紙幣が展示されています。紙幣の図案にはイギリスのエリザベス女王の肖像が用いられたものや日本占領時代のバナナや椰子という植物文様が見られます。紙幣にもこの地の統治の時代の流れが見られます。

中央に穴のあいた大きな石の貨幣

ギャラリー2では、中央にガラスケースが置かれ、銀や銅のコインが置かれています。また、二〇一一年発行のブータン国王夫妻の結婚記念コインがあります。夫妻の写真が組み込まれた美しいものです。このほか植物や花をデザインした五ドル記念コインもあります。また、貨幣と共に時代を象徴する各種のクレジットカードやキャッシュカードも展示されています。一九九九年のデノミ実施以前に用いられていた一万ドル札の異なる四つのデザインも見ることができます。

二階のギャラリー1・2の見学を終えると、入口の呼び鈴で係に知らせて階段を下り、一階のショップ奥にあるギャラリー3に向かいます。ここにはアジアの一八ヵ国の紙幣とコインが展示してあります。日本は野口英世の肖像画が印刷された千円札が並べられています。ここでは、シンガポールの紙幣のセキュリティのポイントを紹介しています。このポイントで偽札を判別するというのです。真贋の判断を行う機械も展示されています。

コインの刻印に用いる彫刻用の道具類も置かれています。たいていは三センチ前後の大きさですが、デザインされている原型は実際にはかなり大きなものです。文様を彫り込み、それを縮小するようです。このほか、穴あき銭で剣を形作った中国の吉祥用の飾りなども展示されています。

この博物館の展示フロアはさほど広くないのですが、コレクションの数量は豊富で、シンガポールと周辺地域のコインや紙幣・貨幣についての理解が進む施設でした。最後に無地のメダルを渡されました。これをメダル刻印機に入れると記念メダルの完成です。布の袋もサービスでいただきました。

1万ドル高額紙幣

＊ＩＲＳギャラリー（シンガポール・タックス・ストーリー）　IRS Gallery

シンガポール南部、ＭＲＴノビナ駅近くの「TAXPAYER SERVICE CENTRE」の一角に税金に関する博物館があります。税金の徴収を行う部門に付属するギャラリーで、シンガポールにおける税の歴史や税金の使い道、国民の生活と税金の関わりなどについて展示と広報を行っています。

イントロダクションとして、支払った税が社会にいかに役立っているのか、そしてシンガポールの税の種類についての説明があります。シンガポールの税についての歴史年表が壁面に掲げられています。シンガポールの税の

IRSギャラリー入口

日本占領当時の貨幣と債券

始まりは一八一七年以前とあり、自由港としてのシンガポールの説明から始めています。

戦争期の税については、日本占領時に用いられた一〇〇〇ドル紙幣、日本占領政府が発行した「昭南彩（債）券」が三種類展示されています。いずれもわずかな期間で紙くずと化したものです。また税金についての研究レポートも展示されています。

やがて機械化が進み、手書き書類からタイプ印刷へ、そしてコンピューターの導入と、税の徴収が効率的に行われるようになっていったことがわかります。

最後に税金の各部分に占める割合を円グラフで示しています。それによると社会変革のために全体の四八%が使用され。経済改革には六%が当てられているようです。

✿シンガポール・シティ・ギャラリー　Singapore City Gallery

チャイナタウンのマックスウェル・ロードにあるこの施設は、シンガポールの都市開発にあたる機関が設置した広報用のギャラリーです。

シンガポール・シティ・ギャラリー

展示は一階から三階のフロアを贅沢に使用して行われています。二階の中央付近にはシンガポールの市街地を表した大規模のジオラマがあり、大都会シンガポールの姿を俯瞰できるようになっています。

シンガポールの市街地形成の変遷の歴史を写真パネルで解説しています。同時に、会場の随所にあるモニターで映像でも見ることができます。間口が狭く奥行きが長い伝統的な建物の模型を使って、その間取りなどについても説明しています。

この施設では、シンガポールの都市化の歴史だけでなく、将来計画まで示しています。

✽ロイヤル・セランゴール・ピューター・ギャラリー

Royal Selangol Pewter Gallery

クラーク・キー周辺地区にロイヤル・セランゴール・ピューターセンターがあります。

大都会シンガポールの姿を俯瞰できるジオラマ

ロイヤル・セランゴール・ピューター・ギャラリー

ロイヤル・セランゴールは、一八八五年に設立された錫製品で知られる世界的にも大手のブランドです。その歴史はマレー半島における錫鉱業の発展とともに始まりました。熟練した職人の手によって、柔軟性のある錫、銅、アンチモンの合金が加工され、そこから生み出される製品は二〇〇年以上、世界中で愛され続けてきました。本社はマレーシアの首都クアラルンプール郊外にありますが、ここはシンガポールの販売拠点です。

入口を入ると展示室があり、壁面に「THE GALLERY」と表示されています。歴史上にみられるピューター（錫製品）で作られた貨幣や祭祀用具などの優れた作品や、ピューターの細工に使用される伝統的な道具類の展示が行われています。

また、実際に錫を高温で溶かして型に流し込み、型から取り出し、叩いて余分な部分を除去、さらに細かな加工やつや出しをするという一連の作業を女性職人が行っているのを見学できます。まとまった人数であらかじめ申し込むと、これらの作業を体験できる部屋も用意されています。

ギャラリーを出ると、豪華な錫製品を販売するショップです。いか

展示室

がですかと愛想よく店員が勧めてきますが、アクセサリーには興味もないので丁重に断って外に出ました。

✻ランド・トランスポート・ギャラリー　Lands Transport Gallery

リトルインディア駅に近いハンプシャー・ロードにあるＬＴＡオフィスの一画に、陸上交通全般に関する博物館があります。二〇〇八年に建設されました。

まず、日本の新幹線などシンガポール以外の国の交通機関の紹介があり、次にシンガポールの交通機関の概要の説明があります。イギリスの植民地時代、シンガポール建国後の交通、とりわけ公共交通のバスについて、さらには新しい交通システムが紹介されています。

ランド・トランスポート・ギャラリー

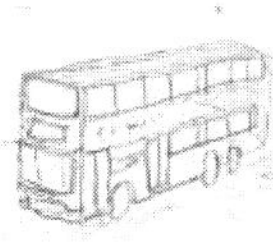

歴史の展示では、タクシーや人力車、バス、地下鉄などの歴史と果たしてきた役割がすべてわかるようになっています。このコーナーでは、かつて走っていたバスのロングシートの座席や向かい合わせの座席をはじめ、タクシー内部の座席、あるいは一般的な乗用車の運転席および座席など、実物大のレプリカが展示され、座ることもできます。人力車もかつては重要な交通手段であったようで、実物が展示されています。

交通量増加に伴って交通整理や信号の設置も必要になりました。制服を着た交通整理の警官のマネキン人形が置かれています。当時の交通標識や道路標識の写真を見ると、まだまだ交通量は少なくのどかな時代であったことがわかります。「変化する公共交通機関」

のコーナーでは、新しく採用された地下鉄の車両の模型も展示されています。

現在シンガポールの自動車がつけているナンバープレートの紹介も行われています。赤、黄、緑、青とプレートの色彩は様々です。例えばタクシーは緑、バスは赤となっています。一〇種類の色調のプレートがあるようです。運転免許証も展示されていましたが、日本のものと似ています。

人力車の実物

公共交通の果たす役割についての解説では、交通マナーとして席を譲りましょう、常に他人のことを考えましょう、席に荷物を置かないという至極当たり前のことが書かれていました。当たり前のマナーが、シンガポールでも守られていないのだということがわかりました。

✻マリンタイム・エクスペリエンシャル・ミュージアム

Marintime Experiential Museum

二〇一一年の秋にセントーサ島に開館した、海と航海に関するテーマ博物館です。シンガポールは周囲を海に囲まれています。南側はマラッカ海峡に続くシンガポール海峡に面しています。この海は、古くから航海の要衝として栄えてきました。とりわけ中世からは貿易の拠点として、中国、インドなどの交易の中継基地として栄えました。ここでは、貿易品として中国、インドネシア、タイなどアジア諸国やアフリカ地域などの各国と取引された香辛料や陶磁器、象牙などを地域別に紹介しています。

展示室の中央には交易に用いられた大きな帆船の復元模型が置かれ、その船尾には左右にいかりが下げられ、中央には映像展示用のスクリーンが配置されています。この船の左右に、数十艘の船で構成された交易船団の模型が展示されています。かつてはこのように大量の船で船団を組んで交易にあたっていたことがわかります。続いて、交易品と地域、国名が示されています。

まず中国のコーナーでは、陶磁器や京劇のジオラマがあります。次にベトナムです。ここでは穀物や陶磁器や網笠があり、水中人形劇の舞台のミニチュアが置かれ、映像によって人形劇が紹介されています。次にインドネシアのコーナーです。ここでは穀物と香料、木製品が置かれ、さらに仮面劇の写真がパネル展示されています。マレーシア・マラッカでは錫製品が置かれています。インドのコーナーでは木綿や布、穀物と、さらに蛇使いのジオラマがあります。オマーンでは、絨毯や布、ラクダに乗った現地人のジオラマがあります。アフリカのケニアでは、果物や民俗芸術の作品が置かれています。このほか、タイ・アユタヤなどの紹介も行われています。いずれもそれぞれの国、地域の産物と文化習慣などの紹介が簡単に行われています。

マリンタイム・エクスペリエンシャル・ミュージアム

一階の展示の最後に、一段下がってタイフーン・シアターがあります。そこでは三六〇度マルチスクリーンに映し出される九世紀の中国貿易船が航海途上に台風にあったという設定のドラマが展開します。この会場に入る前に、乗組員と幹部たちが天気の急な変化の有無についての議論が交わされた会議の様子が特設の画面に映し出されます。責任者のゴーサインで会議が終了し、航海が始まります。観客はシアター

船内の荷物

さまざまな交易品

の内部にいざなわれます。最初は快適な海を行く航海でしたが、急に天候が悪化し、たちまち船は大波の間をさまようようになります。音響のすさまじさばかりでなく、水しぶきのように冷えた蒸気が周囲の壁孔から噴き出します。かなりの臨場感です。台風一過、海上は穏やかになりますが、船は見えなくなっています。

見終わって地階に下りると、難破船から引き揚げられた陶磁器や金属製品などが展示されています。さらに、船倉部分の断面が示され、船の荷物なども見えるようになっています。キリンやサイなどのアフリカの動物や、大小の陶磁器や漆器、布織物など各地域から集められた交易品がぎっしりと詰まっています。当時の商人が扱っていた範囲の広さがわかります。

続いては土産物店です。Tシャツやマグカップというミュージアム・ショップの定番商品のほか、ワインやチョコレート、クッキーなどの菓子類、

出航前の様子を映し出すモニター

ぬいぐるみのクッション、ネクタイ、スカーフなど多種多様なものが販売されています。

✽マーライオン・パーク　Merlion Park

シンガポールというとまず頭に浮かぶのがマーライオンでしょう。ほとんどの観光客が訪れるといってもよい場所です。シンガポールを象徴するものなのですが、期待が大きすぎるためか、実物を見てがっかりしたという声もよく聞きます。これは決してマーライオン像に責任があるわけではないのですが……。頭部がオスのライオン、体が魚をイメージして創り出されたユニークな彫刻です。

当初の設置位置からは変更されたとのことですが、現在は湾に向かって伸びる桟橋から、正面に水をいきよいよく大量に吹き出すマーライオンの姿を眺めることができます。また対岸のベイエリアあるいは水上から船で見ることもできます。

大きなマーライオン像の背後に少し距離を隔てて、逆方向に向いた高さ二メートル足らずの小さな像があります。この像の口からも水が噴き出るようになっていますが、水道の蛇口から水が少し出ているといった様子です。

マーライオン

警察・消防・軍事に関する博物館

シビル・ディフェンス・ヘリテージ・ギャラリー
ポリス・ヘリテージ・センター
バトル・ボックス博物館
シロソ砦
軍事博物館（アーミー博物館）
ブキット・チャンドー
チャンギ刑務所礼拝堂・博物館
昭南オールド・フォード・ファクトリー記念館
シンガポール・ディスカバリー・センター

ここでは、市民生活と密接な関係を有する役所関連の機関に関する博物館、軍事関連の博物館を紹介します。地域の防災拠点として設置された消防署の建物が保存文化財に指定されたため、消防署は移転し、ここに消防に関する資料を集めて博物館としたものがシビル・ディフェンス・ヘリテージ・ギャラリーです。このほか警察に関連する施設も公開されています。またシンガポールは東南アジアでは第二次大戦中の激戦地の一つで多くの戦争遺跡が残されています。それらの施設を訪問してみましょう。

✽シビル・ディフェンス・ヘリテージ・ギャラリー Civil Defence Heritage Gallery

シティホール地区のヒル・ストリートの消防署に隣接して英国風の煉瓦作りの二階建ての伝統的な建物があります。この建物は保存文化財に指定されています。

かつてここは中央消防署でした。建物の内部は現在消防博物館となっています。

かつて活躍したはしご車やポンプ車など数台の消防車が置かれています。側面や車内にスクリーンが設置され、画面には消防活動の歴史がモノ・クロームで上映されていました。また、高いところに取り残された人が安全に飛び降りるための円形の救命用テントも置かれています。テントは映像を映し出すスクリーンとして天井から吊り下げられていました。実物はもっと大きく丈夫な材質のものだと思います。消防車が数台駐車しているので通路は狭くなっています。その狭い通路の間に市街地で行われていた、古風な手押し

シビル・デイフェンス・ヘリテージ・ギャラリー

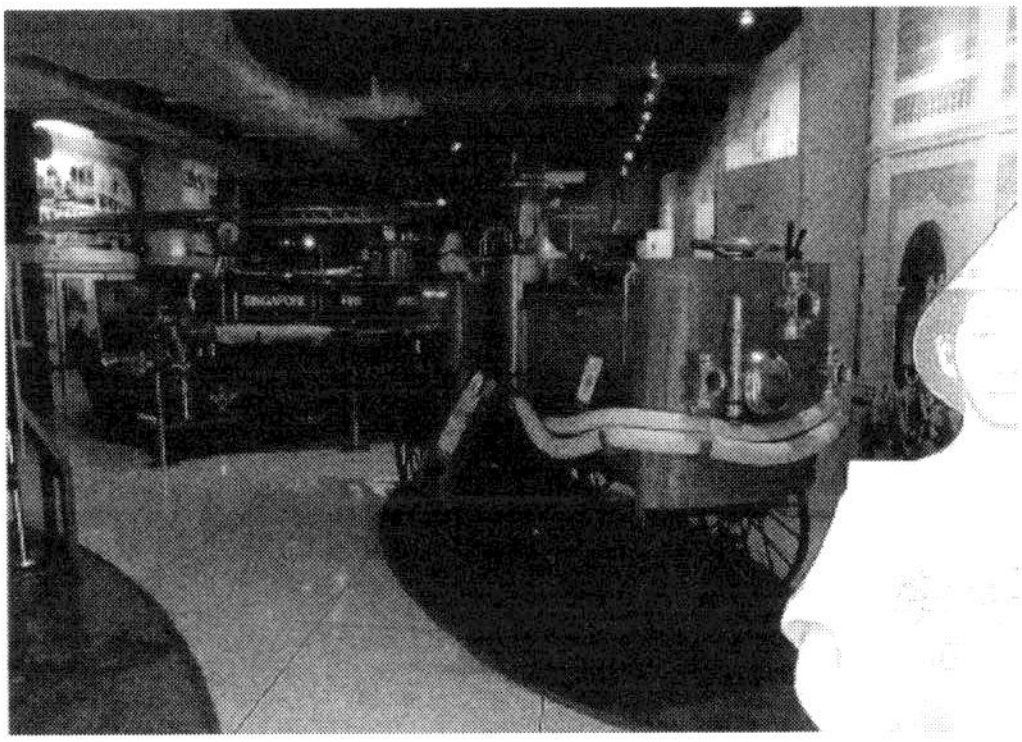
消防車の展示

ポンプでの消火の様子がジオラマで示されています。

二階には、消防銃の模擬体験コーナーがあります。前方の画面に映し出される火災の焔に向かって放水し、それを消しとめると所要時間が表示されるようになっています。消火訓練で消火器を扱うことがありましたが、消防銃の体験は初めてでした。

消防隊員は、地震災害などで瓦礫の下に埋まった人を救助する活動も重要な任務です。被災地に急行し、人命救助に活躍する様子もジオラマでわかりやすく伝えています。隊員だけではなく救助犬による捜索や負傷者救出の様子もジオラマでリアルに表現されていました。

一階の受付前のボードには、各地の救助活動に参加した際に交換したものでしょうか、世界各国のバッジ、ワッペンが集められています。日本のワッペンもありました。またガラスケースには消防自動車の模型が展示されていました。

✻ポリス・ヘリテージ・センター　Police Heritage Centre

オーチャード・ロード地区の北、MRTノビナ駅から東へ一〇分ほど歩いたところに、警察に関する博物館があります。警察機関の建物群の中にあります。ここは、あらかじめ申請して許可を得なければ見学できません。五名以上のグループでの見学が求められ、複数の団体を同時に入場させせないようです。幸い五名のグループに入れてもらい、予約の二日後に見学することができました。予約時間の前に到着しましたが、全員が揃うことが条件なので、少し入口前で待つことにしました。

警察機関の建物ということで警戒は厳重です。写真撮影などは一切できません。また事前にパスポートのチェックがあり、当然のことながら犯罪歴の無いことが条件となります。全員揃うと外国人はパスポート、現地の人はＩＤカードの提出が求められます。それと引き換えに「VISITOR」と書かれた名札が渡されます。これが建物への許可証となります。手荷物検査の後、女性係官の案内で建物に入ります。

まずガイダンスルームへ入ります。シンガポールの警察の歴史の映像が流されます。ここで説明を担当するのは、警察官らしい雰囲気がある中年の男性で、彼がこの施設のガイド担当のようです。映像終了後、何か質問がないか尋ねてきます。むろん英語での問いかけですから、その理解だけでも大変なのですが、せっかくのことですから、この施設の見学者について質問してみました。彼の答えは、世界各地から見学者がある、シンガポールとその周辺諸国からの人が多く、日本人は少ないとのことでした。ほかの質問者とのやり取りもあってすでに入場時間から三〇分以上が経過していました。

展示室へ向かいます。ここには、警察官の制服や表彰メダルが飾られており、過去に殉職した警官の名前の記録もあります。三階にも展示室があり、シンガポールの警察の歴史や現状装備などが紹介されていました。警察機関と同居していることもあって、忙しく行き来する人も多く、落ち着いて見学できません

警察官の銅像

でした。

最後に、親切に案内してくれた係官と記念写真撮影を行い、にこやかに握手を交わして、この施設を離れました。時計に目をやると、すでに入場から二時間以上が経過しており、帰途につく飛行機のチェックインの時間が迫っていました。

＊バトル・ボックス博物館　The Battle Box

フォート・カニング・パークの頂上の地下九メートルには、第二次世界大戦中のイギリス軍の要塞が網の目のように巡らされていました。その軍事施設がバトル・ボックス博物館として一般公開されています。

日本語のパンフレットには、「シンガポール、負けた日、戦争ボックス、一九四二年二月一五日」とあります。シンガポールのイギリス軍が日本軍に攻撃され、降伏した日の様子を再現したジオラマ、爆撃音や通信の声などが、大音響で流されており、戦時中の緊迫感が伝わってきます。イギリス軍兵士を表現した蝋人形は表情もリアルで、地下壕内の薄い照明のもとで見ると、より迫力があります。

この博物館の見学には必ずガイドが同伴します。ガイドは英語のみですが、簡単なプリントが渡されます。まず案内されるのが電話交換室です。電波による通話はすべて相手方に伝わってしまうので有線の電話が使用されていました。忙しく電話交換機を操作し会話する兵士の姿からは緊迫した様子が伝わってきます。また、壕の外のけたたましい砲撃音や衝撃の振

バトル・ボックスの入口

途中で出会う兵隊

緊迫した戦況を取り次ぐ交換手

動など細かな演出で否応なく臨場感が漂ってきます。

次の部屋は、暗号の解読にあたっていた部屋です。机の上に乱雑に置かれた書類が緊迫した戦況を伝えているようです。

ここから先は歩きながらの見学となります。司令官の部屋では机の前に座る司令官の姿があります。大きな部屋の中央のジオラマは、部隊がどのように日本軍と対峙し、戦況がどのように変化しているのか、両軍の位置、今後の展開などがリアルタイムで示されています。

最後に会議室に案内されます。ここでは戦況報告の様子がジオラマで展示されています。蝋人形で作られた軍人に次々とスポットライトが当てられ、降伏までのイギリス軍内の状況がわかります。この会議の結果からパーシバル中将は、降伏文書にサインしたのです。

✾シロソ砦　Fort Siloso

シンガポールに造られた第二次世界大戦中のイギリスの軍事基地のひとつです。セントーサ島の最も高

頂上のイギリス軍陣地

い場所に構築されており、セントーサ島周遊バスを降りて、砦専用のレトロなバスに乗り換えると、頂上までガイドがマイクを握って案内しながら連れて行ってくれます。

兵舎の壕の中に入ると、壁面に当時の戦況の変化などが写真パネルや展示品で解説されています。シンガポールが、日本軍によって攻撃され、陥落した日を記録し、その後の反攻の契機としていたことがよくわかります。

山下・パーシバル会談のジオラマ

見学を終えて階段を上ると見晴らしの良い頂上に出ます。現在では、見張り台と大砲の設置されている建物や砲身がかつての姿にジオラマ風に復元されています。まるでそこに兵士がいるようです。

坂の途中にある建物は博物館となっており、日本軍の山下奉文大将とイギリス軍パーシバル将軍との交渉風景がジオラマで再現されています。これと対照的に終戦を迎えたのちに行われたシンガポールでの会議の風景のジオラマもあります。

✻軍事博物館（アーミー博物館） Army Museum of Singapore

シンガポールの西部ジュロンの外れにあります。二〇〇七年九月に開館しました。もともとはシンガポールの軍隊の訓練施設として利用されていた場所です。現在も隣りにシンガポール陸軍の施設があります。つまりこの博物館は、現在、徴兵制がしかれているシンガポールの軍隊の重要な広報機関なのです。

館の入口は二階で、正面に三人の兵士のモチーフがあります。まず「我々の軍隊の誕生」（Birth Our Army）から展示は始まります。シンガポールの建国当初はテロ活動に悩まされていたようで、それに対抗する義勇軍が結成されたのが今日の軍隊の始まりでした。

二階建てバスが爆破されてさかさまになっているジオラマがあります。これは暴徒のテロです。さらに、軍隊が整備されて過程が年表で説明されています。兵舎のジオラマでは、整理整頓されたベッドと塵一つ落ちていない清潔感あふれる部屋の様子を見ることができます。

ハイジャック事件での軍の対応の様子も示されています。まるで飛行機の客室にいるかのような臨場感の映像が流されています。

そして、この施設の目玉ともいうべき4Dシアターのホールへ案内されます。ここには実物の戦車、ヘリコプター、大砲が置かれています。暗転すると、間もなく大砲と戦車の砲弾の応酬、ヘリの爆音や機銃の発射音、硝煙の煙など、まさに戦場の真っただ中に放り込まれたようです。約三分間あまりですが、十分堪能できます。

軍事博物館（アーミー博物館）

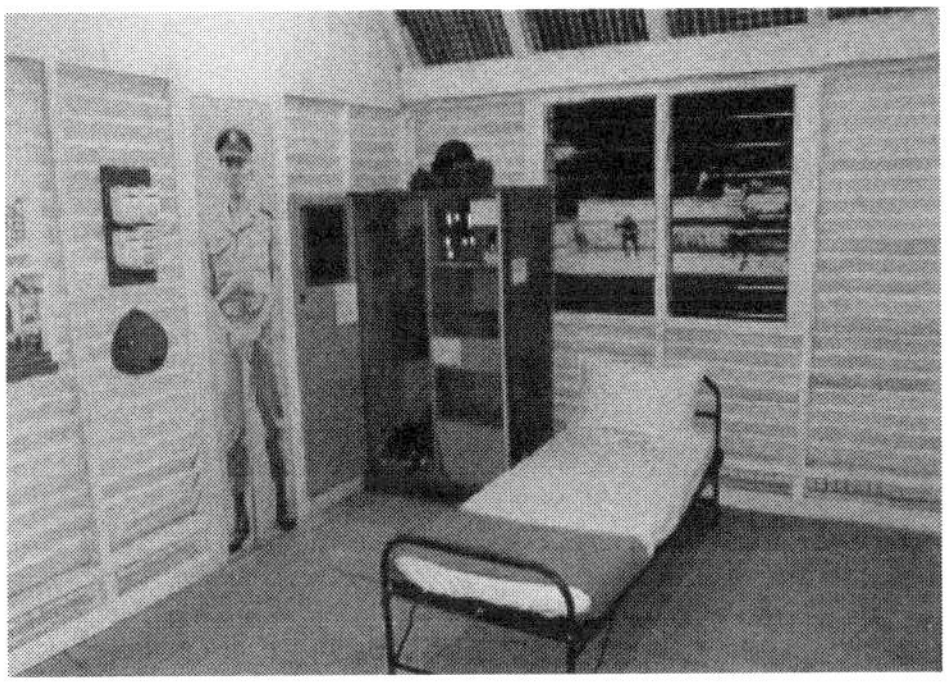

兵舎の内部のジオラマ

少し行くとライフル銃の体験ができるコーナーへ出ます。銃の扱いの説明を受けて、ライフルを構え、前方の目標に向けて引き金を引くと、発射の反動が体に伝わってきます。係りの人から、本物の半分程度のショックだと知らされました。ほぼすべて的に命中していたようで、OKサインを指で示してくれましたが、果たして喜んでよいものかどうか……。

「国際交流活動の足跡」では、国際貢献の実績や、交流の相手国から贈られた記念の品物がケースに飾られています。館の外には、戦車や装甲車などが野外展示されていました。

＊ブキット・チャンドー　Bukit Chandu

シンガポール西部地域の小高い丘にある資料館です。

館の冊子によると、「第二次世界大戦中、シンガポールがどうやって国を守ろうとしたのかを説明する資料館です」とあります。建物は植民地時代はバンガローでした。戦時中にはイギリス軍の倉庫として、シンガポール西部の防御に配備されていたマレー聯隊によって使用されてい

ブキット・チャンドー

ました。

入口を入るとすぐに第二次世界大戦での日本軍の動きと、それに抗戦するイギリス軍についての映像での解説があります。両軍の動きと戦闘の状況などがテレビ画面に映し出されています。日本軍の山下奉文将軍の立像と、イギリス軍兵士の痩せ細った姿の等身大の像が置かれています。

日本軍の戦闘機による攻撃の様子をコンクリートのトーチカの中から見るという設定の映像展示があります。この映像は一つの画面で反射鏡に映した映像と模型の実像とを組み合わせたもので、博物館ではよく見かける装置ですが、このような戦闘場面で用いているのは初めて見ました。鉄格子の中の捕虜の姿や、日本軍の行状を描いた絵画なども展示されています。このほか、日本軍の銃剣や銃器類が煉瓦つくりの壁の穴から見えるという設定で展示されていたりします。

屋外には、迫撃砲の発射合図寸前の指揮官と銃器を扱う兵士二名の銅像がありますが、周囲に緑が生い茂るこの場所での設定には少々違和感があります。

✿チャンギ刑務所礼拝堂・博物館
Changi Prison Chapel and Museum

チャンギ国際空港近くにある博物館です。チャンギ刑務所は第二次世界大戦中は日本軍の捕虜となった連合軍兵士の収容所になりました。

博物館の中庭には、捕虜たちによって建設された礼拝堂のレプリカが

チャンギ刑務所礼拝堂・博物館

あります。

象徴的な展示は、日本軍将校らに従ってイギリス国旗を掲げて歩くイギリス軍兵士たちを大写しにした写真パネルです。両側には兵士が着用していた軍服が展示されています。

建物は細長く、両側の壁面をフルに利用して写真パネルなどが掲げられています。その一つは日本占領前の一九三〇年のチャンギの様子を写したものです。やがて刑務所（収容所）の生活の様子が写真で示されます。簡易な建物と労役に就く兵士の痩せ細った姿は悲惨さを表しています。パネルの上方には鉄条網が張られ、ここが拘束施設であることを示しています。粗末な下着などもケース内に展示されています。

復元されている教会

戦時下の芸術作品

また Wartime Artists とあるコーナーにはデッサンなどの絵画が並べられています。戦時下の捕虜生活にあっても芸術家たちは作品を残していたことを示しています。デッサンの対象は身の回りにある靴とか犬、あるいは故郷の建物でした。日本刀も鞘から抜かれたものと鞘に収まったものの二振りが展示されていました。刀には長年展示されているにもかかわらずまったく錆《さび》がないことに感心します。
出入口の一方には関係する図書

のコーナーとミュージアム・ショップがあります。ただ壁面の上部に「WE　REMEMBER」とある文字には、収容者の怨念がこもっているように感じました。

✿昭南オールド・フォード・ファクトリー記念館
Memories at Old Ford Factory

シンガポール西北部にある施設です。その名前が示すように、かつてはフォード自動車の工場だった場所です。第二次世界大戦中には、この場所でイギリス軍が日本軍の降伏文書にサインをしました。有名な山下・パーシバルの「イエス・ノー」会談の結果でした。日本の占領時代を昭南時代とよんでいますが、そのころのシンガポールの様子をこの博物館では紹介しています。

入口付近の展示

まず入口には日章旗が図案化され、その上部に日本占領下のシンガポールを昭南時代と呼ぶ一九四二年から一九四五年頃の展示が行われているという文字を記載した案内板が掲げられています。このほか土嚢や照明用の投光器が置かれ、また出征兵士に贈られた寄せ書きの日章旗が展示され、戦時中の雰囲気を出しています。

昭南オールド・フォード・ファクトリー記念館

展示室では、昭南時代のシンガポールの市民生活の様子を当時の写真を多用して説明しています。さらに当時の日本兵が所持していたのでしょう、「祝出征川西富夫君」と書かれた故郷で送られたのぼりが壁面に架けられています。

当時の自転車や椅子などのほか日本軍が発行した様々な証明書なども見ることができました。卒業証書などの教育関係の資料も展示されていました。また当時の写真や新聞記事の切り抜きも多く展示されています。イギリス軍指揮官のパーシバルと日本軍指揮官山下奉文の二人の銅像があります。

この記念館は、フォート・カニングの丘の麓にあるナショナル・アーカイブスの分館の一つとしての役割もあり、展示室の横には分館施設が設置されています。

✽シンガポール・ディスカバリー・センター
Singapore Discovery Centre

ジュロン地区にあるシンガポール軍の訓練施設（ＳＡＦＴＩ）に隣接している施設です。展示はシンガポールとはどのようなところなのかという内容で、民族問題や経済の現状などを説明していきます。また、映像によって都市計画やそのほかのシンガポールを取り巻く様々な文化、社会経

シンガポール・ディスカバリーセンター

済、政治などの問題について語りかけています。

ここはシンガポール国民が自国の現状と過去、さらに未来を改めて見直し、考えるための場所のようです。

美術・工芸・芸術に関する博物館

アート・ハウス
シンガポール・アート・ミュージアム
サム・アット・エイトキュー
アセアン彫刻庭園
アート・サイエンス・ミュージアム
新加坡佛牙寺龍華院（龍華文物館）

シンガポールには、市内各所に様々なモニュメントが配置されており、芸術性豊かな町であることがわかりますが、作品展示施設は意外と少ないことに驚きます。市街地の中心部にあるアート・ハウスやアート・ミュージアム、アート・サイエンス・ミュージアムなどは大規模なものです。また、現在工事中のナショナル・アート・ギャラリーは、かつての国会議事堂の建物を改装する本格的な美術館で、シンガポールの美術館の中心的存在となるはずです。市内の公園には、コンテンポラリーなアートの花がまさに百花繚乱のごとく咲き誇っています。

✻アート・ハウス　Art House

ラッフルズ上陸記念の地のすぐ近くにある、ビクトリア様式の白亜の二階建ての建物がアート・ハウスです。建物は一九九二年にナショナル・モニュメントに指定されています。

この建物は一八二七年スコットランド商人ジョン・アーガイル・マックスウエルによって建設されました。一八八七年にシンガポール最初の裁判所及び政庁として使用されます。その後一九九九年まで国会議事堂として使用され、やがて二〇〇四年からは様々な歴史、芸術を紹介し発信する施設の一つであるアート・ハウスとして利用されるようになりました。建物側面にはタイ国から一八七一年三月一六日に国王の訪問記念として贈られた象の像があります。

建物側面にある象の彫像

二階が絵画などの展示ギャラリーです。廊下には裁判所の歴史の展示コーナーがあり、歴代の裁判官の肖像画のパネルが掲げられています。周囲の廊下部分では、各種の建築様式を解説するパネルや模型があります。

アート・ハウス周辺には、アジア文明博物館をはじめ歴史的建造物が多く見られます。

＊シンガポール・アート・ミュージアム
Singapore Art Museum

シティホール周辺の博物館が集中する地域にあるこの建物は、一八六七年にカトリック系男子校聖ヨゼフ学院として建設されました。十字架がそびえるドームを中心に左右対称の校舎の内部を改装してアート・ミュージアムとして開館しました。「ＳＡＭ」と略称されるこの美術館は二階建てで屋根が赤く、壁が白い美しい建物で、シンガポールに残された数少ない一九世紀の建築物の一つとされています。

赤く塗られた乳牛

東南アジアのコンテンポラリー・アートのコレクションでは世界一を誇り、中国、インド、日本の作品も多く収蔵されています。

かつての教室を使用した展示室には、地元の芸術家を中心とした作品が並べられています。いずれもコンテンポラリー・アートの世界です。たとえば入り口付近に展示された作品では、赤く塗られた牛、赤と白とにまだらに塗られた乳牛が展示されています。さらに原色の赤に近い照明に囲まれた部屋などの作品が並んでいます。

シンガポール・アート・ミュージアム

✻サム・アット・エイトキュー　Sam at 8Q

二〇〇八年八月一五日にアート・ミュージアム（SAM）の別館として開館した美術館です。一九八七年まではカトリック系の小学校、二〇〇七年からはメソジスト教会として使用されていました。クィーンズ・ストリートと八番地の、八とQをとって、8Q（エイト・キュー）と命名されました。総面積三五〇〇㎡、四階建てで、六つの展示ギャラリーで構成されています。

SAMと同様コンテンポラリー・アートが中心の展示施設で、階段の壁面にはモノクロームの作品が直接描かれています。また各展示ギャラリーには、奇抜な発想の作品がたくさん並んでいます。

サム・アット・エイトキュー

✻アセアン彫刻庭園　ASEAN Sculpture Garden

フォート・カニング・パークに、木や金属を素材としたコンテンポラリー・アートの作品が置かれています。アセアン（東南アジア諸国連合）の結束と協力の象徴として、アセアン彫刻シンポジウムのために一九八一年に設置されたものです。

「TOUGETHER」と題された作品は一九八八年の製作で、ステンレスの細い棒の上部に曲げられた板をつけたもので、まるで手をつなぐ群像のようです。「CONCENTRATION」は一八八三年の製作で、馬蹄形の鉄輪を二本の柱が支えるという複雑な形の作品です。入口付近にある「BALANCE」は、シンガポールの彫刻家 MRNGENGTENG の一九八八年の作品です。弓なりの円筒を球体が三個重ねられた柱で支えるという形状で、まさにバランスそのものの作品です。このほか、頂上付近の駐車場の横には、マレーシアの作家が一九八六年に製作した作品「AUGURY」があります。

すべて野外に置かれた彫刻で、ここは野外美術館です。作られてから二〇年以上経過しているため、材質によっては保存状態が悪く、傷みの著しい作品もあります。

アセアン彫刻庭園

✻アート・サイエンス・ミュージアム Art Science Museum

シンガポールの観光名所のマーライオン・パークから海を隔てた対岸に、蓮の花びらのような白亜の建物が見えます。これがアート・リイエンス・ミュージアムです。この建物はイスラエルの建築家モジャ・サフテイの設計によるもので、「シンガポールの歓迎の手」とも呼ばれています。メイン・ギャラリー、アッパー・ギャラリー、アートサイエンス・ギャラリーの三フロアが中央の吹き抜け部分を取り囲み、展示室は放射状に配置されています。

常設展示はアート・サイエンス・ギャラリーで行われています。過去から現代にいたる技術発展の歴史を映像と音によってたどります。サイ

アート・サイエンス・ミュージアム

小型マーライオンとアート・サイエンス・ミュージアム遠望

エンスがなぜアートなのかという疑問が解けるかもしれません。

さらに、建物の設計から建設、完成に至るまでの過程が模型や写真パネルで解説されています。

メイン・ギャラリーは、期間を定めて行われる特別展示で、二〇一二年六月から九月には、人気を博したハリー・ポッターの映画で用いられた実物の衣装や様々な小道具類が展示されていました。

別の展示フロアでは、アンディ・ウォーホール（Andy Warhol）の作品が展示されていました。アメリカ・ピッツバーグのアンディ・ウォーホール・ミュージアムのコレクションを借用しての展示で、年代順にデザイン作品や絵画作品の紹介が行われていました。マリリン・モンローの肖像写真を加工して作りあげられた彼の作品は、当時としては画期的なもので、多くの人の絶賛を浴びました。コカ・コーラのロゴを用いての作品も知られています。

✻新加坡佛牙寺龍華院（龍華文物館）Buddha Tooth Relic Temple and Museum

チャイナタウンの中心部にあるこの寺院は、ミャンマーの寺院で発見された仏陀の歯を祀るために建てられました。建物は中国の古代唐様式を模して造られたもので、二〇〇七年五月に完成しました。朱色と金色に輝くきらびやかな近代的な五階建ての建物です。内部が公開されており、エレベーターで四階までのぼります。四階は礼拝施設となっており、堂内へは靴を脱いで入ります。ほとんどが金色と朱色で埋め

つくされています。この堂に釈迦の歯が収められています。

四階から階段を上ると屋上に出ます。屋上には萬佛閣と呼ばれる金色に輝く塔があります。中央の塔を囲むように朱塗りの柱が美しい回廊があります。塔の前には整備された空中庭園があり、青々と茂るヤシの木や白やピンクの色彩豊かなランなどの花が咲いています。塔の中央には経典が収められており、それを回転させることで功徳を得るという世界最大のマニ塔でもあります。

三階は文物館です。釈迦の誕生から入滅までの生涯を展示しています。日本でも花祭りには必ず登場する、片手を天に、一方を地を指さし「天上天下唯我独尊」と言ったという釈迦誕生佛が置かれています。このほか、世界各地の仏教国からもたらされた仏像が展示されています。タイ・アユタヤの仏像、ネパールの弥勒菩薩像、ミャンマーの釈迦仏像、台湾、インド、チベット、カンボジア、スリランカなどの仏像を見ることができます。入口付近には日本の四天王像、多聞天像や持国天像もあります。

ここには、世界の仏像が一堂に集められているので、短時間のうちに、それぞれの地域の仏像の違いを見ることができます。

二階は、この寺院の建設についての簡単な紹介の展示スペースと仏教関連図書室になっていますが、大半はミュージアム・ショップです。ショップでは仏教思想、仏

四天王像（日本）

展示室

教美術の関連商品のほか、シンガポールのガイドブック、数珠や仏具、線香、ろうそくなども販売されていました。

一階は、正面に如意輪観音菩薩と弥勒菩薩が安置されている大ホールです。周囲の壁面には一〇〇体仏と無数の小仏像が配され、荘厳な雰囲気を醸し出しています。ホール内は線香の香りで満ち、僧侶の読経の声が響き、熱心に祈る多数の信者の姿がありました。

科学・自然科学に関する博物館

シンガポール・サイエンス・センター
ラッフルズ・ミュージアム
ヘルスゾーン（健康センター・ギャラリー）

東南アジア諸国が科学や自然科学に特に力を入れていることは、博物館の充実ぶりを見てもわかります。シンガポールも例外ではありません。とくにこの分野の博物館の来館者は子供が多いことから、解説や展示には非常に苦労しているようです。

✤シンガポール・サイエンス・センター　Singapore Sience Center

西部のジュロンにあるサイエンス・センターの玄関には恐竜の像が置かれています。また入口への通路の一方にはプールがあり、子どもたちが水遊びをしています。

入口におかれた恐竜の模型

中央ホールでは電気の放電実演が行われる

円形の館内は中央部が吹き抜け構造となっており、一、二階の展示フロアはその広場を中心に放射状に広がっています。

ゲーム感覚で科学の法則や基礎知識を学ぶことができる機材が多数置かれており、子供たちは喜びそうですし、大人も科学の知識を再確認する絶好の機会になります。

ロボットの発達についての展示は面白く見ることができました。「一九二一年から一九六一年に世界中で発明されたロボット」から始まり、「現代の二足歩行のロボット」まで、さまざまなロボットが展示されています。映画でおなじみのロボコップ、手塚治虫の鉄腕アトムの一メートル余りの記念撮影用のパネルが置かれていました。

フレッシュ・フルーツのコーナーでは、リンゴやブドウなどの身近な果物の成分の紹介や、体によい栄養についての解説が行われています。このほか科学の様々な現象がゲーム形式で楽しみながら学べるようになっています。

中央の広場に、高圧線のような電気の線が張られています。電磁波あるいは雷のように高圧電流を放電させるための実験装置でした。インストラクターが説明しながら高圧電流を放電すると、子供たちの驚きと歓声が館内に響いていました。

✻ラッフルズ・ミュージアム Raffles Museum (Museum of Biodiversity Research)

国立シンガポール大学の研究棟の三階にある、動物学、植物学の標本を収集展示する博物館です。シンガポール国内最大のコレクションを収蔵しています。動物学関係の標本は五〇万点以上、植物標本は三万点余りという量を誇っています。展示のみならず、国内外の研究者の利用機関としても知られています。

コレクションは、ケースに入れられているものは少なく、大半の剥製標本が台上にまとめて置かれています。動物の剥製は、今にも動き出しそうなほどリアルです。小さな鳥や動物は、板状のものに張り付けられており、リアルさには欠けるようです。

大きな蛇の標本が大きな円柱形の瓶の中に、とぐろを巻いた状態で漬けられています。この標本もちょっと不気味です。ここには動物学の研究センターも併設されているのですが、訪問時は施設の移築準備のために休止されているとのことでした。

また館の奥には、崖面を利用して熱帯植物が植えられており、生きた植物観察ができるということですが、手入れが行き届いていないのか、雑草が繁茂しているとしか見えませんでした。

シンガポール大学の研究棟
この３階にミュージアムがある

✽ヘルスゾーン（健康センター・ギャラリー）　Health Zone

アウトラムパーク周辺にある病院に隣接するヘルス・プロモーション・ボードというビルの一階にある小さなギャラリーです。医学、栄養学的な面から「健康」についての知識を提供する展示施設です。パネルを多用して解説しています。たとえば肺のコーナーでは、タバコがどれだけ悪い影響を与えるのかを、喫煙者とそうでない人の肺の汚れ方を見せて比較しています。

　食事については、野菜や果物の摂取が健康に良いことや、どんなものが健康によいのかを説明しています。歯の健康についてのコーナーでは口の部分を拡大した模型が置かれ、白い健康な歯が保たれることがすべての健康維持につながることが模型や写真によって説明されています。

健康センター入口

　入口には子ども向きの簡単なアスレチックの遊具や体重計などの測定機械もあり、簡単な健康チェックもできます。

　この施設は、子どもたちへの普及啓蒙が主な目的のようです。子どもにはわからないような難解な部分もありますが、そこは引率の先生やインストラクターがカバーしているのでしょう。なおこのヘルスゾーンへ通じる通路に、コウノトリがくわえた袋に「子供は二人に」という意味の言葉が書かれています。人口抑制政策がとられているのでしょうか。

動物・植物に関する博物館

植物園（ボタニックガーデン）
国立蘭園（ナショナル・オーキッド・ガーデン）
ジンジャー・ガーデン
クール・ハウス
スパイス・ガーデン
ガーデンズ・バイ・ザ・ベイ
クラウド・フォレスト
フラワー・ドーム
日本庭園
中国庭園
シンガポール動物園
ナイトサファリ
ジュロン・バード・パーク

ここでは、生き物が展示の対象となる施設を紹介します。従って「保存」ではなく、「育成」、「飼育」という言葉に代わります。生き物の扱いはとくに注意が必要で、一時の息抜きもできません。ただ、人々へ与える影響やリピーターの養成については、ほかの施設に比べて報われることが多いといえるのかもしれません。植物園、動物園、水族館は人々に癒しを感じさせる施設なのです。シンガポールではこの分野の施設が充実しています。また、世界的にも珍しい、亀に特化した博物館もあります。

二〇一二年末にはセントーサ島に世界最大級の水族館マリンライフパークが、そして建設が遅れていたリバーサファリも二〇一三年四月に一部オープンしました。

✾植物園（ボタニック・ガーデン） Botanic Gardens

シンガポールにおける植物園の歴史は一八二二年に遡ります。創始者はスタンフォード・ラッフルズ卿とされています。フォート・カニングの丘に、様々な植物や果物の樹木、スパイス、ゴムなどを植えたことに始まります。この園は一八二九年にいったん閉じられ、三〇年後に現在のオーチャードロードの西の外れに移って再開されました。

当初の植物園は、この地域に適していると思われる植物を持ち込み、試験的に栽培育成するという営利目的でつくられました。一八七七年ブラジルから持ち込まれたゴムの木は栽培に成功し、この地域の重要な産業に成長しました。また、一九二八年からは蘭の花の栽培と人工交配に力を注いできました。この結果、生まれた交配種は植物園の蘭の品種改良に対する評価をゆるぎないものとし、国際的にも高く評価されています。

✾国立蘭園（ナショナル・オーキッド・ガーデン） National Orchid Garden

広大な植物園の中の一部が蘭の育成に特化した国立蘭園に当てられています。一九九五年に誕生しました。

シンガポールの国花は、蘭の一種であるバンダ・ミス・ジョアキムという名前の花だそうです。この花は一八九三年にシンガポール最初の自然交配種として当時の植物園の園長であったH・N・リドリーによって登録されました。この蘭が発見された庭園の所有者であったアルメニア人アグネス・ジョアキムにちなんでリドリーが名づけたものです。この花が一九八一年にシンガポールの国花として選定されたのです。

蘭の花は一九二五年には、ハワイの植物園の園長であったハロルド・ライアンズがシンガポールからハワイに持ち帰り栽培が始められました。ハワイでは「プリンセス・アロハ・フラワー」と名付けられて、レ

国立蘭園入口

蘭園入口近くにある噴水と蘭の花

ジンジャー・ガーデン

イを作る材料として使われるようになりました。

園内の蘭の花は、黄色、白、紫、朱、黄緑色など様々で、胡蝶蘭ぐらいしか知らない者には、これほど多くの色と種類があることに驚きました。ちなみに、ここには国花バンダ・ミス・ジョアキムを含めて一〇〇〇を超える原種の蘭と二〇〇〇を超える交配種からなる約六万本の蘭が季節ごとに美を競っています。

＊ジンジャー・ガーデン　Ginger Garden

オーキッド・ガーデンにつながる通路縁辺には巨大なジンジャー（しょうが）が植えられています。無料で公開されていますが、整備は行き届いており、園路の周囲に植えられている各植物にも名前を示す表示があります。ジンジャーは、日本での記憶から小さな植物であるという印象が強かったのですが、ここでは三メートルを超える背の高いものがあり、さすがに熱帯性の植物はよく育つものだと感心させられます。

✻クール・ハウス　Cool House

オーキッド・ガーデン内にある温室状の建物です。ここは中米から東南アジアまでの標高の高い寒い地域に咲いている蘭の展示施設です。オーキッド・ガーデン内はすべて露天で熱帯の日差しが強く熱いのですが、この施設には屋根があり、照りつける太陽が遮られていますので涼しい感じがします。しかし内部は水蒸気で充満しており、体感する気分は決して快適なものではありません。メガネやカメラのレンズは瞬く間に曇ってしまいますのでご注意を。中央部付近には滝が作られ、僅かに流れる小川の水際に白い小さな蘭の花が咲いていていました。

クール・ハウス

★蘭の花

蘭の花は、三枚の花弁（ペタル）と三枚のがく弁（セパル）からなっています。花弁のうち一枚は唇弁（リップ）と呼ばれ、ほかの花弁とは異なる特徴を持っています。リップはほかの花弁より大きく形も異なり、線やシミのような模様が見られることがあります。また通常の花では花弁、雄しべ・柱頭の三つが分離していますが、蘭の場合はこれらが一つとなっていて、コラム（ずい柱）を形成しています。また花粉がばらばらにならず、たくさん固まって花粉塊（ボーリニア）となっているのも蘭の特徴です。

蘭は南極を除く地球上のすべての大陸で見ることができます。すべての蘭の四分の三ほどが着生種、すなわち他の植物の上で育つもので、四分の一程度が地生種すなわち地面で育つものです。前者には胡蝶蘭（ファレノプシス）やカトレア、デンドロビウムなどがあり、後者にはシンビジウムなどがあります。

✽スパイス・ガーデン　Spice Garden

フォート・カニング・パークの入口付近には小規模ながらスパイス・ガーデンがあります。レモングラス、シナモン、バンダンリーフなどエスニック料理のスパイスとしてなくてはならない植物が植えられています。階段の傍らに植えられていたスパイスはグローブの樹です。この樹種の原産地はマルタやスパイス諸島です。

グローブは貿易上もっとも重要なスパイスの一つで、甘味があって風味がよく、料理に合い、温かくリッチではっきりとした深みのある香りがするそうです。またグローブはグローブタバコ（クレテック）の生産にも使われます。グローブオイルは、食料品や化粧品の香り付けに用いられ、興奮剤、消毒剤、歯痛の治療薬としても重宝されます。中国ではグローブを催淫薬、さらに食欲増進剤としても用いるといわれています。スパイス・ガーデンには、このほかにもジンジャーなど香料や食料、薬品に用いられる植物が植えられています。

✽ガーデンズ・バイ・ザ・ベイ　Gardens by the Bay

マリーナ・ベイサンズ・ホテルの背面に広がる大規模な人口庭園です。四つの植生を見ることができる庭園へリテージ・ガーデンとワールド・オブ・プラントと呼ぶ大温室二棟などからなっています。見て回るだけでも丸一日では無理かと思える広さです。このような庭園を造り上げたシンガポールのエネルギーにただただ敬服するばかりです。以下にそれぞれの簡単な紹介をしておきましょう。なお夜間は人工のツリーに明かりが点灯し、幻想的な世界になります。

■ヘリテージ・ガーデン　Heritage Gaedens4

このガーデンは、ベイサンズ・ホテルに最も近く、ドラゴン・レイクで隔てられています。インディアン・ガーデン、チャイニーズ・ガーデン、マレー・ガーデン、コロニアル・ガーデンの四つからなり、それぞれ異なる地域の植生を見ることができます。

インディアン・ガーデンの基本は、インドに伝わる、地面に描くフローラル・アートであるインド的な吉祥文様のコーラムです。コーラムは、家に繁栄をもたらすとされています。八角形を基調として造られたガーデンには、タマリンドの木、ベンガル菩提樹、オウギヤシが植えられています。タマリンドの実は甘い料理やジュースに使われます。ベンガル菩提樹はヒンズー教にとっては神聖な木とされています。オウギヤシは砂糖の原料であり、建築材料としても利用され、実は食用になります。インドでは神聖な木と呼ばれています。

チャイニーズ・ガーデンは、インディアン・ガーデンとマレー・ガーデンの中間にあります。ここは、石と水、古びた木で構成されています。ニセヒガングサ、チンキーフラワー、ウイーピングティーのほ

ガーデンズ・バイ・ザ・ベイ

か松、竹、梅が植えられています。冬の間、多くの樹木が枯れてしまっても、これらの木々は強さを保っています。このことから中国の芸術では、「忍耐、誠実、慎み深さ」の象徴とされてきました。

マレー・ガーデンは、ベイサンズ・ホテル側とつながっているドラゴンフライ・ブリッジの先端にあります。このガーデンは、カンポン村の生活からヒントを得てデザインされました。中央には伝統的なカンポンの家に似せた建物があります。庭にある果実の多くはマレー人が大切にする植物です。バナナ、ココナツ、バンダンリーフはマレー料理で使用される須様な食材ですし、ナーキジンジャー、ナンキョウなどはショウガ類で食品や薬品に用いられます。

コロニアル・ガーデン（Colonial Garden）は、マレー・ガーデンの南にあり、橋を渡っていくことになります。ここではイギリス人がシンガポールで行った植物の研究活動について知ることができます。植民地や領地での経済活動の発展を図るため、ナツメグ、クローブ、パラゴムノキ、ココア、ギニヤヤシなど換金植物を植えつけました。

■ワールド・オブ・プラント　World of Plants

ヘリテージ・ガーデンの西側、スパーツリーグローブの地域を隔てたところにあります。南からディスカバリー、ウェブ・オブ・ライフ、フルーツ・アンド・フラワー、アンダー・ストーリー、ワールド・オブ・パーム、シークレット・ライフ・オブ・ツリーの各コーナーから構成されています。

椰子は、パームオイルをはじめ、パームシュガー、ココナツなど様々な食品を生み出す原料として知られています。ワールド・オブ・パームのコーナーでは、ベカリオフオイニクス、カラムス・カリオトイデス、ヨハネステイスマニア、アネイチウムパーム、ウオーキングパームなど世界各地の椰子が集められています。トロピカルな雰囲気を出すには椰子を用いるのが効果的です。

アンダーストーリーは、木々の陰で育つ植物を集めたコーナーです。ディスカバリーのコーナーでは、地球上に植物が登場した二億数千万年前に誕生した裸子植物を見ることができます。これらの植物は花を咲かせませんが、乾季を耐え抜く種子を持っています。インセンスシダーのような針葉樹がその例です

✿クラウド・フォレスト　Cloud Forest

入口を入ると、中央にビルの六階以上の高さにそびえる円筒状の丘があり、頂上付近から流れ落ちる滝が目に入ります。滝の水しずくが勢いよく降りかかって、前方は霧にかすんでいます。中央に滝を配した大きな温室は、東南アジア、熱帯アメリカ、さらにアフリカの高地に発達する森（雲霧林と呼ぶそうです）を再現したものだそうです。この雲霧林は、世界の熱帯雨林の二・五%にしかない貴重な環境で、多数の希有種の植物が自生する地域で、海からの霧におおわれて、草木に溜まった露が徐々にしずくとなり、小川や川に流れていきます。

円柱形の壁面にはびっしりと植物が植えられていますが、中には枯れかけているものも見られます。

第一層のフロアから上層へエレベーターで昇ると、最上階はロスト・ワールド・フロアです。ここからはマリーナ・ベイが見下ろせます。ここには食虫植物、ウツボカズラやヘイシソウなどが植えられています。盆栽風のマツもありますが、少し元気がないように見えました。小さな池も造られ、水草が可憐な花をつけています。

中央に滝のある温室

ここから外部に出てクラウド・ウォークを楽しみます。幅一メートル余りの空中に設置された通路で、高所恐怖症の方には勧められませんが、ここから丘を眺めると様々な高地性の植物の花や植生を見ることができます。道はキャハーン・アンド・ウォーターフォール・ビューに続きます。

エスカレーターでクリスタル・マウンテンのフロアに下がります。ここにはアメジストの原石や鍾乳石などの奇石類がフロア一面に展示されています。このフロアから外に出て、ツリー・トップウォークと呼ばれる空中散歩をすることができます。クラウド・ウォークの通路よりはかなり低い位置にあります。丘の外周部分にみられるシダなどの植物や樹木を観察することができます。

空中歩道を見上げる

空中散歩の最終地点は、地球環境に関する映像ホール、アース・チェック・デイクリーです。二〇一二年から未来へ向かって、地球の環境がどのように変化していくのかを科学的な検討から予測していくもので、このまま大気汚染などを放置しておくと地球は人類の住めない環境となる危険があることを警告しています。単に植物を見せる温室というのではなく、地球環境という大きな見地から植生や環境を問いかけるという非常に示唆に富んだ展示が行われています。

映像ホールを出るとシークレット・ガーデンがあります。湖や沼の水辺にある植物グループの展示です。水生シダのハワイアンツリーファーン、ヘゴなどがあります。

この温室では、外面ガラスには光センサーシェード付のスペクトル選択ガラスを使用し、乾季は自動換気システム、液体乾燥剤式空調などを用いて効率よく温度調整、換気などを行っています。

＊フラワー・ドーム Flower Dome

クラウド・フォレストと対称的な位置にある人温室です。フラワー・ドームは高さ三八メートル、面積一二ヘクタールの敷地につくられています。サッカー場約二二個分の広さになるそうです。室内は温度を二二度に保ち、除湿を行い常に春の状態に保たれています。地中の灌水設備によって、植物には少しずつ水を与えるようになっています。

ドームの内部は二つの異なる気候のフロアから構成されています。一つは乾燥した地中海気候、もう一つは半乾燥地帯です。後者は入口から右手のもっとも遠くのガラス壁面沿いの高いところにあります。ここにはバオバブ（逆さまの木）のコーナーがあります。

バオバブはアフリカ、オーストラリア、マダガスカルに分布するものです。とくに大きく目立つのはセネガル産のアフリカ・バオバブで、重量は三二トンあります。マダガスカル・ゴーストツリーには薬効成分があります。干ばつ地域でも生き延びられるよう、内部に五〇〇リットルの水分を蓄えているそうです。

サキュラント・ガーデンでは、とげのある植物群を見ることができます。ブドウガメ、パキポデイウム、ポリピアン・ウーリー・カクタスなどリュウセン・ランやアロエに近いものがあります。さらにグラスツリー、ツボノキもあります。グラスツリーは緑の本体部に赤い鮮やかな花

バオバブ（逆さまの木）

フラワー・ドームの内部

が特徴的です。ツボノキは乾季に原住民の食事と水分を提供してきたものでした。

左手壁側にはキダチ・アロエ、キングフロチアという南アフリカの灌木が植えられています。このフロアの奥には南アメリカ・ガーデンがあります。ここにはチリ・サケヤシ、チリ・マツがあり、チリ・サケヤシの蜜からワインを作っているとのことです。このフロアの左手のオリーブ・グローブコーナーではオリーブ、イチジク、ザクロという、よく知られた植物を見ることができます。

中央寄りの部分のカリフォルニア・ガーデンにはロムネヤ・コウルテリ、カリフォルニア・ライラックがあり、両者ともに花をつけると華やかさを演出します。また南側の高所にあるメディテラネアン・ガーデンではナツメヤシ、コルクガシが植えられています。

珍しい樹木を十分鑑賞したら、一段低いフロアのフラワーフィールドにおります。ここは季節の草花が常に咲いているように植え替えられていて、一ヵ月前に訪問した時とは大きく変わっていました。出口には、日本でもおなじみの椿が植えられていますが、残念ながら元気がないように見えました。

クラウド・フォレストでは雲霧林の植物、フラワー・ドームでは乾燥地帯の植物などを楽しめるのですが、シンガポールという熱帯地域での温室の温度、湿度管理は大変だと思います。裏方の方々の努力に敬意を表します。

✻日本庭園　Japanes Gerden

広大な敷地を使用して贅沢に作られた公園施設です。西部のジュロンにあります。設計者は日本庭園を多く手掛けている中根金作氏です。

朱塗りの鳥居が見える日本庭園

庭には人工の池が設置され、朱色の太鼓橋が架けられています。青々と茂り、美しく刈り込まれ整えられた植木、石の庭と白い砂から形成される石庭との組み合わせの妙、そこに原色に近い赤い鳥居などもワンポイントに配置され、アクセントになっています。また古都京都の庭を連想させるコケと岩で構成された、簡素で奥ゆかしい庭もあります。それぞれの庭を隔てる垣根などはなく、同じ平面に構成されています。日本を訪れる外国人観光客がイメージする日本の景色を見事に表現しているのでしょう。

中国庭園へは、雙秀橋と呼ばれる見事な装飾彫が施された中国様式の橋を渡って行きます

✤中国庭園　Chinese Garden

日本庭園と隣接して一九七五年に台湾の建築家によって造られました。中国北京の宮殿庭園をモデルとしています。

庭園は裕華園とよばれており、入場は無料で、市民の憩いの場となっています。日本庭園とは石橋で通じています。総面積は二・五エーカー以上の広大な敷地に展開しています。大きな池の周囲には清時代の建築様式で建てられた建物や七重の層塔などがあり、孔了、関羽、岳飛などの有名人の石像が建てられています。

なお、同じように塔のある庭園は台湾の高雄市にもあります。七層塔は区別がつかないほど似ています。

中国庭園の七重の塔

✱シンガポール動物園　Singapore Zoo

シンガポール中央北部地域にある動物園は観光客が多く訪れる人気スポットです。

園内は徒歩で行く方法とトラムに乗って一周する方法とがあります。トラムはいくつかの場所に停まりますので、適当な場所で降りて歩くのもいいでしょう。

熱帯気候であることから、キリンやカバ、シマウマという、いわば動物園の「常連」の動物は当然見ることができますが、ここでは檻に入れるのではなく、自然に近い状態で放し飼いされています。もちろん、動物が逃げ出さないように、濠が掘られたり、網で囲ったりしています。

この動物園の売り物は、現地の言葉で「森の住人」と呼ばれる霊長類オランウータンです。まるで森の中にいる状態で観察できるという、世界的にも数少ないオープンシステムで飼育されています。

シンガポール動物園

動物のショーのアトラクションも人気があります。

現在リバー・サファリという新しい動物園を建設中で、間もなく完成とのことでした。船に乗って川から動物を観察するとのことで、公開が待たれています。

＊ナイト・サファリ　Night Safari

動物園正門の手前に、夜間のみ開館する動物園があります。動物園から徒歩五分程度の距離です。夕方五時を過ぎたころから、大勢の人が集まってきてにぎわい始めます。ナイト・サファリのチケットは動物園でも購入できます。バード・パークと動物園の三施設の共通入場券が割安なようです。

ナイト・サファリの入場券には、園内を巡るトラムの利用券がついています。トラムには英語、中国語、韓国語、日本語などの言語で案内するガイドが同乗しています。それぞれの言語のトラムは出発時間や場所が異なっていますので、乗車に際しては注意が必要です。ゲート前にあるトラム用ブースで申し込みを済ませたら出発時刻まで手持ち無沙汰です。ゲート前のレストランなどで夕食をとりながらくつろいでいる人も多いようです。

いよいよ時間が来ました。トラムに乗車してツアーに出ます。トラムは一編成数台（おそらく五台ぐらい）をつないだもので、二編成ぐらいで移動します。遊園地によくある電気自動車と同じで、ロング・ベンチシートに二、三名が座ります。ガイドは最前列のトラムでマイクを握っていますので、最後尾のトラムに乗ると、説明とは若干のタイム・ラグが生じます。

さて、サファリ内の動物の様子ですが、夜行性の動物とはいえ、僅かな光線の照らされた場所に出てくる動物はそれほど多くはありません。ガイドが「岩陰にいます」とアナウンスしたので目を凝らして探している間に、その場所は通過してしまいます。象やライオンなどの大型の動

ナイト・サファリ

物ははっきり見ることができますが、小型の動物を見るにはコツが必要なのかもしれません。途中にはトレイル（遊歩道）もありますが、日本語専用のトラムは途中下車できないので、入口から出直すことになります。

手渡された注意書きには、「野生のカニクイザルやオオトカゲ、蛇の類に出くわすことがある」とありました。何かあれば係員がすぐに駆けつけてくれるのでしょうが……。このトライは早めに切り上げて、入口付近の広場で行われていたショーを見学することにしました。日本では晩秋から冬というシーズンでしたが、さすがに熱帯気候のシンガポールは、夜になっても温度はあまり下がりません。長居は無用、短時間で退散しました。

わずかな光に浮かぶ象

✻ジュロン・バード・パーク　Jurong Bird Park

一九七一年に開園した、鳥に特化した動物園です。開園後もリニューアルを繰り返しながら現在に至っています。約二〇ヘクタールの園内にはおよそ三〇〇種、五〇〇〇羽の鳥が飼育されています。

入口を入るとすぐにケープ・ペンギンの飼育水槽があります。ケープ・ペンギンは、二〇一〇年六月に絶滅危惧種に指定されました。今から五〇

フラミンゴプール

年前には一四万ペア以上の個体数が生息していましたが、現在では二万六〇〇〇ペアにまで減少しています。原因としては魚の乱獲、油による海洋汚染、鳥糞石回収などが考えられます。さらに進むと、インコと見学者が写真を撮ることができる記念写真撮影コーナーがあります。飼育員が見学者にインコを手渡し、そこで写真を撮るというものですが、わずかな餌につられる鳥も少々迷惑そうにも見えます。

鮮やかな朱色に映えるフラミンゴの池やインコの集中する止まり木などがあります。ここのインコには鎖や紐のような拘束するものが見当たりません。まったくの放し飼いなのですが、そこから離れようともしません。フラミンゴも同様ですが、ここでは集団脱走などはないのでしょうか。

園内を一周するモノレールからの眺めも楽しめます。

✻アンダー・ウォーター・ワールド　Underwater World

施設の名前は「水面下の世界」とでも直訳できますが、実は水族館です。セントーサ島に設置されているアミューズメント施設の一つです。島内は無料の周遊バスで移動できます。シロソ砦と同じバス停です。

シンガポールは周囲が海に面しているため、海に生息する生物への関心が高いようです。魚を飼育展示している水槽の下がトンネル状になっており、水中から魚を眺める形で見学することができます。日本でもよくみら

水槽のトンネル

アンダー・ウォーター・ワールド入口

れます。トンネルの通路の半分が動く歩道となっていて、じっとしていても魚たちが泳ぐ水槽の周りをゆっくりと見学できます
熱帯の海の生物の観察もできるようになっています。カニのコーナーでは、あまりお目にかかれない足の長い大型のカニや珍しい種類のものが多数集められています。

✻亀の博物館 The Live Turtle & Tortoise Museum

中国庭園の入口にあります。亀に特化した博物館というよりは亀の飼育施設で、二〇〇四年に設立されました。中国風の建物の門を入ると石橋があり、さらに行くと竜宮城を思わせる門があります。門を入ると小さな池があり、無数の色鯉が群がっています。人に慣れているのか、われわれが近づくとエサを求めて水から飛び出さんばかりに集まってきます。そこを離れると亀の博物館です。

亀の博物館

入口のすぐに右手に亀の飼育水槽があります。風呂の浴槽より少し浅く狭い長方形のもので、藻がたくさんあるため水は緑色に濁っています。その中を五〇センチ前後の亀が泳いでいます。このような水槽が三個あります。左手には亀が数匹ずつ入ったガラスの水槽が二段に重ねられたものが続いています。端から順にみていきます。
まずハナガメです。中国東部およびベトナム北部、台湾に分布するものです。水草が茂る流れの緩やかな河川沼に生息しています。最大で甲長が三〇センチ程度で、植物食の濃い雑食性で、水草、果実などの

ほか昆虫類などを食べます。商業用に乱獲されたため現在では絶滅の危機に瀕しています。次にマルスッポン、スッポンモドキ、カミツキガメなど名前から想像すると獰猛そうな亀が続きます。マルスッポンは中国、ベトナム、インド東部、インドネシア、マレーシアなどアジアの河川の沼底に生息します。昆虫の幼虫、カニ、魚、果実、種などを食べます。この亀は漢方薬になるため商業用に農場で飼育されてきました。スッポンモドキは、パプアニューギニアやオーストラリア北部に生息し、川や淵など水中に長く潜っていることができます。甲羅が最大五五センチの大きさになります。雑食性で果物や昆虫、小魚を食用としています。

見るからに獰猛そのもののカミツキガメは、カナダ南部から南米にかけて生息し、水生植物の間に巣をつくります。甲羅は四七センチに達し、体重も二〇キロを超える大型のものもいます。噛みつく力が強く、植物のほか甲殻類や魚、鳥なども食べてしまうそうです。

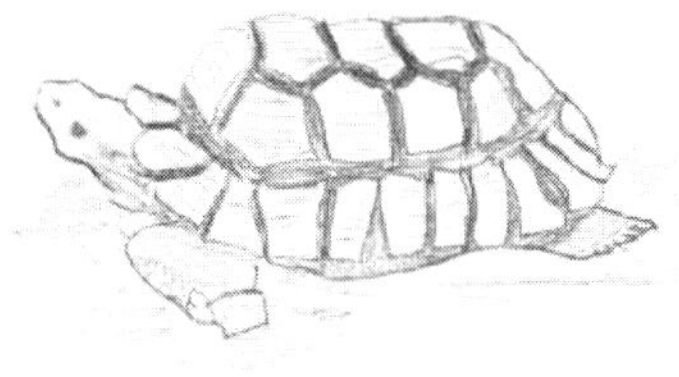

甲羅に星のようなきれいな文様のある亀がいました。インドホシガメです。パキスタン、インド、スリランカに生息し、ドーム状の甲羅の全長は最大二八センチとあまり大きくはありません。雌は年に二、三回ほど産卵しますが、孵化までの期間は一二〇日と長く、食性は草食性ですが、時折昆虫なども食べるそうです。ヒメカエルガメは、スリムな体型の亀です。南米、エクアドル、ガイアナ、コロンビア、スリナム、ブラジル、フランス領ギアナ、ベネズエラ、ペルーのアマゾン川、オリノコ川に生息し、甲羅の長さは二三センチほどで雌は一回に二～四個の卵を産み、二〇〇日の孵化期間を必要とします。小さな無脊椎動物や小魚を食用としています。イコヘリマルガメは、インド、インドネシアのジャワ島、スマトラ島、バリ島、ボルネオ島、カンボジア、タイ、ミャンマー、ベトナム、フィリピン、中国南部、バングラデシュに分布し、平地から山地にかけての森林の河川や

池沼に生息しています。陸地にもよく上がりますが、水中の深い部分でも上手に泳ぎます。英語名はLeef Turtleで、その名の通り木の葉の形に似ています。体長は二五センチほどで、植生は植物食傾向の雑食で、昆虫類、ミミズなどを食べますが、野生では果実を好むそうです。

なお大型の亀では、入口の囲いに飼われているケズメリクガメがいます。亀の中では最も大きい部類に入ります。褐色の甲羅の長さは八三センチ、体重は最大で一〇八キロに達します。アフリカ南部や東部に生息し、草食で水分の多い植物を好んで食べます。産卵期には一度に二七―二二個の卵を産み、孵化には約八ヵ月かかります。

このほかにも珍しい形の亀がたくさん飼育されており、大きさも二〇センチ前後から一メートル近いものまで様々です。飼育員がケースの清掃に巡回していましたが、亀たちはエサを期待してその周囲に集まっていました。

これらの水槽のほかに中央部に人工池があり、そこにも多くの亀が放流されており、観光客がエサをまくとそこに集まってきていました。さらに園内には大型の亀が放たれており、草を食む姿も見られました。このカメはアジア地域の川や沼池に生息し、寿命は二二〇年と推測されています。

建物の内部には、亀をかたどった焼き物や金属製の置物あるいはクッション、鼈甲製品、ビーズ細工品などがケースに整然と並べられているのですが、あまりにその数量が多くむしろ乱雑に置かれているようにも思えました。

人物の顕彰に関する博物館

晩晴園・孫中山南洋記念館（孫文記念館）
ハウ・パー・ヴィラ
ホア・ソン・ミュージアム

人物の顕彰に関係する博物館は、あまり多くありません。香港、マカオ、台湾、中華人民共和国をはじめ、中国系の市民が多く居住する地域、国々では孫文に対する尊敬、崇拝が見られ、孫文に関する記念施設が多く見られます。

また立志伝中の人物の記念館や博物館は、その人物がよく知られているうちはよいのですが、その記憶が薄れてくると徐々に衰退していくようです。タイガーバームの販売で一世を風靡したホア・ソンの博物館も二〇一二年三月には閉館しています。

✻晩晴園・孫中山南洋記念館（孫文記念館）

Sun Yat Sen Nanyang Memorial Hall

孫文が一九〇六年以降シンガポールに来た際に滞在していた屋敷を記念館としたものです。正式名称は「晩晴園・孫中山南洋記念館」といいます。晩晴園は、老いた母親のために張永福が一八八〇年代に建設したものでした。

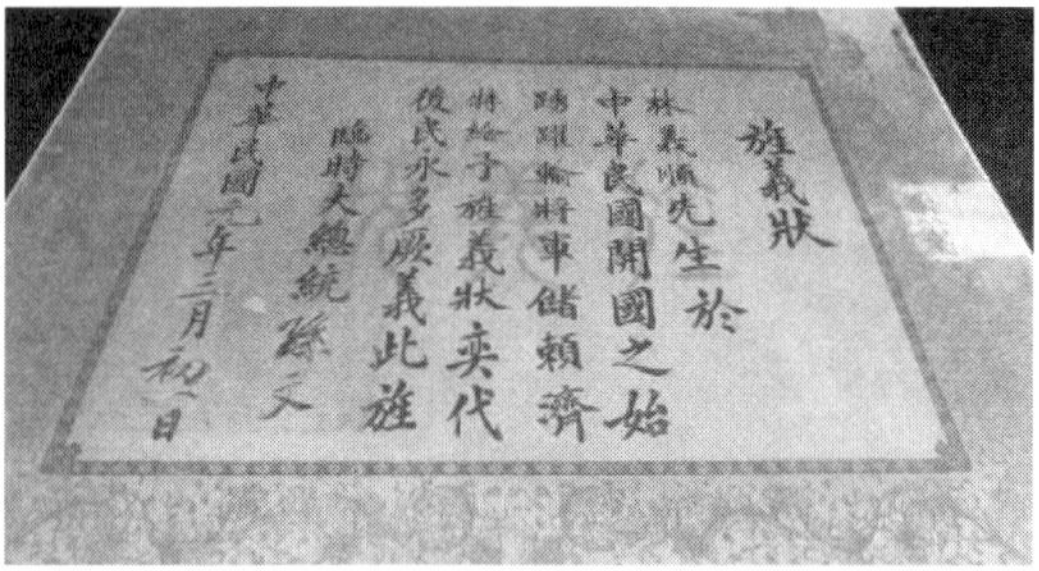

孫文の旌義状

張永福は、孫文の辛亥革命の熱心な支持者でした。一九〇六年、辛亥革命が成功し、晩晴園を東南アジアにおける孫文の拠点として提供しました。ここには中国革命同盟会の東南アジア本部が置かれていました。

記念館は二〇一一年一〇月九日に改修工事を終えて公開されました。

孫文と同盟会のシンガポールでの活動、同志達の集合写真などのパネル展示をはじめ、張永福回想録『南洋与創立民国』などが展示されています。また孫文の彫像や、「中華民国臨時総統孫文」と署名された中華民国政府の公式文書などがあります。さらに孫文から贈られた「博愛」の自筆の揮毫額も掲げられています。

晩晴園・孫中山南洋記念館

汪兆銘が建国元年に揮毫した額や、民国の紙幣などの資料も展示されています。中興報社のジオラマからは当時の状況を偲ぶことができます。

＊ハウ・パー・ヴィラ　Haw Par Villa

シンガポール西部地域に、一九三七年に開園した巨大庭園があります。ここは週末や休日には訪れる人々で賑わっています。

タイガーバームという万能薬の軟膏で巨万の富を得た胡文虎、胡文豹兄弟は、一九二六年ビルマ（現在のミャンマー）の旧都ラングーン（現在のヤンゴン）からシンガポールに事業の拠点を移し、大成功をおさめました。胡兄弟は事業の規模を広げることを重要視しながらも、人は社会に対し寄与するべきであるという信念を持っていました。一九三四年に胡文虎は弟の胡文豹のために壮大な邸宅とユニークな庭を造るという夢を実現させました。そこでできたのがこのヴィラでした。金銭で求めることができる最高のものを与えるだけでなく、敷地を物語の場面で飾り、中国の様々な伝説の背景にある奥深い思想、価値観を永遠のものとして人々と共有するという目的がありました。

林則徐の像

胡兄弟は、若い世代に人生の重要な教訓を教えることによ

ハウ・パー・ヴィラ入口

なぜか相撲取りが……

り、中国の伝統を広くしらしめるべく一般の人々にも公開することにしたのです。建築費用は当時の金額で一〇〇万ドル以上でした。

園内にはさまざまな人形が置かれています。とくに目立つのは中国の神話伝説や史実に基づいて作られたものです。白蛇伝やアヘン戦争で中国側の代表となった林則徐の像もあります。日本人にはなじみの深い相撲の土俵入り姿の人形がありました。しかし、二人の相撲取りが横に並んで異なる形の土俵入りをしています。実際にはあり得ない姿です。このほか、ニューヨークにある自由の女神像も広場の片隅にぽつんと置かれています。一貫性もストーリー性もあるわけではなく、思いつきのようにばらばらに配置されているのですが、そのアンバランスさが不思議な印象を与えます。

✻ホア・ソン・ミュージアム　Hou Song Museum

ハウ・パー・ヴィラの中に、胡文虎（ホア・ソン）を記念する博物館があります。

中国移民がシンガポールで艱難辛苦の末に成功するまでの道のりを展示品、ジオラマで見事に表現しています。ヴィラとは対照的で、落ち着いた展示が展開されています。

この博物館は、なぜか二〇一二年三月で閉館してしまいました。

ホア・ソン・ミュージアム

趣味・娯楽・その他の博物館

ミントおもちゃ博物館
シンガポール切手博物館
バタフライ・パーク、世界昆虫館

趣味・娯楽に関する博物館を紹介します。おもちゃは幼い頃の思い出に連なるものですが、世界中にはその頃の思い出をコレクションとして大切にしている方が大勢います。コレクションを持つというのは最高の趣味であり贅沢かもしれません。切手収集や昆虫採集などはもっともよく知られたコレクション趣味かも知れません。熱帯地域には珍しい蝶や昆虫が生息しているので、その方面のコレクターにとっては貴重なお宝が眠っているかもしれません。では、個人のコレクションから設立されたミントおもちゃ博物館と、組織としてコレクションを公開している切手博物館、世界昆虫館を訪ねてみましょう。

✻ミントおもちゃ博物館　Mint Museum of Toys

シンガポールで最も伝統のあるラッフルズ・ホテルの東側にあるレストラン街の一角にあります。ここはレストランに併設された博物館ともいえます。

建物は五階建ての現代的なビルですが、一階はミント・カフエと玩具ショップとして営業しています。

まずチケットを購入しますが、大人は一五ドル、子供は七・五ドルですが、大人二人と子ども二人では三六ドル、大人三人と子ども一人では四二ドルとなります。家族割引があるということです。

エレベーターを使って五階までのぼって見学するように勧められました。

ミントおもちゃ博物館

五階は、宇宙空間に関するおもちゃのコーナーです。宇宙船や宇宙探検の想像の世界を造り出したおもちゃが集められています。ガラスケースの中にぎゅうぎゅう詰めの状態の人形は少々気の毒に感じますが、種類と量をまとめて見るためには辛抱すべきなのかもしれません。下の階へはエレベーターは使わずに階段を歩くことになります。

四階はキャラクターのコーナーです。黒いコウモリのマークで知られるバットマンや日本でおなじみの鉄腕アトム、ポパイなどのキャラクターの人形を中心に集められています。ガラスケースに入らないほどの大きな人形はかなり迫力があります。

三階は幼児のおもちゃのコーナーです。おもちゃは子供たちの身近な友達ですが、とくに人形は幼い子

ミッキーマウスの乗物？

供にはなくてはならないものです。日元のぱっちりとしたおなじみのキューピー人形や着せ替え人形などは典型的なものでしょう。

　二階は価値ある収集品のコーナーです。オーナーが熱心に収集したおもちゃが集められています。一階のミント・ショップはミュージアム・ショップですが、ここで販売されているのはもっぱらブリキ製の昔懐かしいおもちゃ類です。

　展示室はあまり広くありません。壁面にガラスケースが設置され、その中の棚にあふれんばかりにおもちゃが置かれています。おもちゃは発売時の包装箱が付いています。コレクターの世界では、包装箱がないものはコレクションの価値が大きく下がるそうです。

　日本を含む世界二五ヵ国の一〇〇年以上にわたる期間に使われたおもちゃをコレクションしており、幼かった頃に遊んだおもちゃを思い起こし、再発見があるかもしれません。

✿シンガポール切手博物館　Singapore Phlatelici Museum

　フォート・カニング・パークの入口にある、二階建ての伝統的な様式を残す建物で、外壁は白く塗装されています。うさぎなどのイ

シンガポール切手博物館

ラストを印刷した郵便に関するのぼりや、赤い中国風の提灯があちこちに吊り下げられています。館の入口には、日本でもおなじみの円柱形の赤いポストが置かれています。

まずミュージアム・ショップがあります。記念切手やポストカード、マグカップ、ボールペンなどのグッズが販売されています。広くはありませんが、ショップを通過しないと展示室には入れないようになっています。

展示室では郵便配達のスクーターが置かれています。奥の壁際には、一九六五年から現代にいたるまでの世界各国の切手のコレクションがあります。ここでは板状の展示版を抜き出してみるようになっています。この方法だと場所を採らずに多くのコレクションを置くことができます。地域別と年代別の二つの方法で検索することができ、パネルには植物や人物などの記念切手と地図が添えられています。

ワヤン人形の切手

ここに「童絵」と題された、日本人イトウクミの作品が掲げられています。題材は日本の子供たちが遊びに興じている姿で、ひな飾りの前で遊ぶ子供たちなどが描かれています。

郵便関係では、かつて使われた郵便ポストが中央に置かれ、周囲のケースには郵便事業に関わるさまざまな品々が展示されています。

切手関係の展示は、テーマに沿って集められています。たとえば「ダンス」のコーナーでは影絵芝居で用いられる五体のワヤン人形の実物と、それらを描いた切手が並べられています。ワヤン人形のみならず、実際の男性、女性の踊り子、あるいは仮面を描いた切手もあります。いずれも切手と実際の踊り手や仮面の写真が比較できるように並べられています。このほか、花や植物を描いた切手も集められており、その精巧なデザイン力には頭が下がります。

切手の収集は筆者の少年時代にも流行しましたが、僅かなお小遣い程度では到底追いつかなくなり、収集をあきらめた人も多いのではないでしょうか。筆者もその一人でした。しかし、世界中には名だたる切手コレクターがいます。その代表的な人物を写真入りのパネルで紹介しています。

また「切手収集の楽しみ」として、収集の手法、例えば手紙に貼られた切手のはがし方などを六枚のパネルで示しています。

二階では「集便総会」と看板が出されたジオラマがあります。これは郵便事業を行っていた場所を再現したもので、かつてのシンガポールの郵便事業の様子を知ることができます。配達先の仕分けに使われていたのでしょうか、小さなロッカーが置かれています。消印のスタンプもケース内にあります。

世界大戦も切手の図案に影響を与えています。第一次大戦、第二次大戦にかかわる写真パネルと共に関連した切手も展示されています。とくに第二次世界大戦では日本の占領時代の切手があります。郵便ポストも赤い円柱形だけではなく、赤や黄色の直方体のものもあります。

見学に疲れた人には、談話（休息）室が用意されています。天井からカラフルな傘が吊り下げられ、照明を和らげる効果を出しています。

トイレの標示も切手をデザインしたものです。ちょっと悪乗りの感もありますが、おしゃれともいえるでしょう。

トイレの標示にも切手の図案？

✽バタフライ・パーク、世界昆虫館
Butterfly Park & Insect Kingdam

セントーサ島に設置されている博物館のひとつです。正しい名称は「バタフライ・パーク&インセクト・キングダム」です。

正面には、木に止まっている黄金色の大きなカブトムシのモニュメントが置かれています。このインパクトのあるモニュメントを見て、虫の嫌いな人は入場をためらうかもしれません。

網で囲まれたゲージの中に多くの樹木が植えられており、そこでは赤や黄色などの原色に近い熱帯の花が咲き誇っています。その甘い蜜を求めて南洋の色とりどりの蝶が乱れ飛ぶ世界を想像していたのですが、その予想は裏切られました。まず昆虫とは関係がない、止まり木に乗った大型のインコが目に入りました。インコを見学者の肩や腕に止まらせて記念撮影をする場所だったのです。蝶が飛ぶ季節ではなかったのかも知れませんが、遂に蝶の乱舞は見られずに終わりました。蝶がいそうな人工の森を過ぎると、鉄の暖簾で囲われたところがありました。ここでは昆虫の生態展示が行われており、毒蜘蛛のタランチュラが五匹、水槽の中に瓶詰めされていました。

入り口には巨大なカブトムシが！

このほかカブト虫も飼育されています。一〇センチぐらいのもので、日本のものよりかなり大きいようです。生態観察の後は標本展示です。美しく大きな蝶の標本がこれでもかといわんばかりに集められています。蝶ばかりでなく、カブト虫やトンボ、さらにはゴキブリかと見られるようなものまで標本が壁面い

瓶詰めされた毒蜘蛛のタランチュラ

っぱいに掛けられています。これらの収集に協力した人物の名前が記されており、日本人の名前もありました。

蝶の羽化の様子を観察することができるように、羽化前のさなぎを集めた箱が置かれています。羽化した蝶は、園内の花の上を悠然と飛ぶのでしょう。懸命に羽根を動かして飛ぶ蝶の姿はやすらぎさえ覚えます。時期によっては多数の蝶が放たれているはずですが、今回の訪問時に目にする蝶はさほど多くはありませんでした。おそらく木々の陰で、近い将来に向けて羽を休めているのでしょう。

ジョーホールバル(マレーシア)への小さな旅

シンガポールはマレー半島の先端にある島です。ジョホール水道という狭い海峡の向こう側はマレーシアのジョホールバルです。

ジョホールバルは、マレーシアからシンガポールに入国する出稼ぎ労働者で、毎日ごった返しています。

国境の町ジョホールバルへの小旅行に出かけました。

バスの左手（西）車窓から、一八六六年に建てられたサルタン王宮が見えます。大幅な改修工事が行われているため現在は公開されていません。右手（東）の窓から見えるブキ・ティムバランの小高い丘に、一九四〇年に建てられた旧ジョホール州庁の建物があります。戦時中には日本軍の方面司令部が置かれていた場所です。

やがて、アブ・バカール・モスクに到着します。イスラム圏に来たことを実感させるこのモスクは、白い壁と縁取りされたレリーフ、青い屋根と大きな窓が特徴的な建物で、マレーシアで最も美しいモスクとされ

サルタン王宮の門

マレー文化村

アブ・バカール・モスク

ています。海側から見ると左右対称の大規模な建物です。この地域の王であったアブ・バカールによって一八九二年に建てられました。二〇〇〇人を収容するという礼拝堂にはイスラム教徒以外は入れませんが、周囲を巡るだけでも十分かもしれません。

市街地から西に少し行くと、マレー文化村（The Malay Cultural Village）があります。

ここでは、マレーの伝統文化を紹介する民俗文化財の展示や芸能実演などがあります。民家が一棟のみ内部が公開されており、日常生活の道具が集められています。周囲には香草のレモングラスやパパイアなどの熱帯の食用植物が植えられ、解説板が付けられています。舞台では民族楽器の演奏や民族舞踊が演じられています。演奏曲目に日本の歌謡曲もあるぐらいですから、観光客向けのアトラクションなのでしょう。一五分ほどで演奏が終わり、建物内部に入ると、錫を溶解させて杯を作る実演が行われていました。

この建物の壁面には、ジョホール州の歴代スルタンの肖像写真が貼られています。

反対側の壁面では、マレー人の服装が紹介されています。マレー人といっても中国系、マレー系、インド系の三つがあり、それぞれに「〇〇系のギャラリー」と日本語で表記されています。マネキンが着ていた服装のほか、写真パネルや装飾品が見られますが、特に目をひくものはありませんでした。ほとんどの観光客は特産物を扱う土産物店へ引き寄せられていったようです。

最後に訪れたのはラーキン・スタジアム（タン・スリ・ハッサン・ユーヌスタジアム）（Larkin Stadium）です。フィールド部分は芝生で覆われ、トラックのアンツーカーの茶色がまぶしいのですが、かなり古いスタジアムという印象です。

ここは、サッカーファンなら誰でも知っている「ジョホールバルの歓喜」の舞台でした。一九九七年一月一六日、ここで行われた一九九八年ＦＩＦＡワールドカップ・アジア地区第三代表決定戦で、日本代表がイランとの戦いに勝利し、初のワールドカップ出場をつかんだのです。その五年前の一九九三年一〇月二六日、カタールのドーハで行われたワールドカップアジア地区最終予選で日本はイランと引き分け、出場を逃しています。この「ドーハの悲劇」の雪辱を果たしたジョホールバルのスタジアムに立って感慨ひとしおでした。

マレー人の服装展示

ラーキン・スタジアム

あとがき

ぶらりあるき博物館シリーズのアジア編一冊目『マレーシアの博物館』を出してからまだ半年しかたっていませんが、もう四冊目のシンガポールを世に出すことになりました。あまりに急ぎすぎという声も聞こえてきそうですが、身辺に余裕ができたこともあり、以前から書き溜めていたものを含めてまとめることにしました。しかし、あれもこれも書かなければと考えると遅々として筆が進まず、取材のため何度も現地に出かけていくことになりました。驚いたのは、行くたびに印象が変わっていたことです。シンガポールの博物館を取り巻く環境の変化がそれだけ激しいということなのかもしれません。

本書では、訪問した時点での博物館や遺産の現状を感じたまま記録することに努めました。効率的に一度に多数の博物館を訪問するのも取材方法の一つかもしれませんが、印象や感激が薄らぎ分散してしまう恐れがあります。同時取材ではありませんが、あまり間をあけず数回に分けて博物館を訪ねるようにしました。しかし、その短い間にも、閉館した、新しい博物館が近々開館するという情報がいくつも入ってきます。わかる限りでそうした情報は本文中に注記しておきましたが、訪問する施設の状況はあらかじめインターネットなどで情報を知るようにしてください。

最後になりましたが、身勝手な訪問行にお付き合いいただき、助言してくださった前田弘隆、小倉宗、藤川大、後藤久代、青木亮子、Ms. Desircne Ho, Ms. Yugano Lah の各氏、また直接、間接にお世話になった多くの方々、そして芙蓉書房出版の平澤公裕、奈良部桂子の両氏に深く感謝の意を表します。

平成二五年三月

中村　浩

参考文献

■全体に関する資料など

Kristin Kelly, *THE EXTRAORDINARY MUSEUMS OF SOUTHEAST ASIA*, 2001 HAEEY N.INC. , PUBLISHERS.

Mariyn Seow.Laura Jeanne Gobal, *MUSEUMS of Southeast Asia*, 2004 ARCHPEAGO PRESS.

池端雪浦編『東南アジア史Ⅱ島嶼部』、山川出版社、二〇〇四年。

Singapore Art gllery guide.

SINGPORE MUSEUM GUDE 08/09, 2009 NATIONAL HERITAGE BOARD.

■各博物館に関する資料など

National Museum of Singapore Guide 2007, national museum of Singapore.

『ライフスタイルギャラリー、食文化』シンガポール国立博物館。

『ライフスタイルギャラリー、ファッション』シンガポール国立博物館。

『ライフスタイルギャラリー、映画とワヤン』シンガポール国立博物館。

『ライフスタイルギャラリー、写真』シンガポール国立博物館。

Laura Dozier, *NATURAL HISTRY DRAWIJGS-The Complete William Farquher Collection-*, 2010, Editions Diditier Millet and National Museum of Singapore.

THE ASIAN CIVILZATIONS MUSEUM GUIDE 2003, .asian civilization museum

Vistor guide, asian civilization museum

Timothy Aunger, PERANAKAN MUSEUM A-Z GUIDE, 2008, Asian Civilization Museum for the

Peranakan Museum.

SHERD Librry-From the Archaeological 2011 Collection of Dr.John Miksic-, NUS MUSEUM University Cultural Centre National University of Singapore.

Wsys Of Seeing Chinese Art, NUS MUSEUM University Cultural Centre National University of Singapore.

Captuning the Straits, 2012, NUS MUSEUM National University of Singapore.

WORKING THE Tropical Garden, 2010, NUS MUSEUM University Cultural Centre National University of Singapore

semblance/presence, 2011, NUS MUSEUM University Cultural Centre National University of Singapore.

A TREASURE TROVE OF OUR MEMORIES, NATIONAL ARCHIVES OF SINGPORE.

『フォート・カニング・パーク』FORT CANNING PARK NATIONAL PARKS.

Visitor Guide, Art Science Museum MRINA BAY SANDS.

FROM DAWN TO DUSK: THE BUDDHA TOOTH RERIC & MESEUM?SONGAPORE, 2010　新加坡佛牙寺

SINGAPORE PHILATELIC MUSEUM, Newsletter, December2010-March2011, SINGAPORE PHILATELIC MUSEUM.

The Story Of Fireman 251, Civil Defence Heritage Galliy.

高嶋伸欣「シンガポールとマレーシアの平和博物館」『世界の平和博物館』日本図書センター、一九九五年。

『オーディオの旅』日本語　リフレクション・アット・ブキ・チャンデウ、NATIONAL ARCHIVES OF SINGAPORE.

『国立蘭園　The National Orchid Garden』NATIONAL ASSOCIATION OF TRAVEL AGENTS SINGAPORE.

Perpetual Spring-Singapore´s Gardens by the Bay, 2012,　National Parks Board.

『テーマ別，ガーデントレイルマップ』Gardens by the Bay

『ナイトサファリ』SINGAPORE ZOOLOGICAL GAROENS.

Underwater Word Singapore Marine Life Guide.

MARINTIME EXPERIENTIAL MUSEUM & AQUARIUM NAVIGATION GUIDE, SENTOSA SINGAPORE.
MARINTIME EXPERIENTIAL MUSEUM & AQUARIUM.

SINGAPORE COINS AND NOTES MUSEUM, SINGAPORE COINS AND NOTES MUSEUM.

※なおここに掲げたほか、シンガポール地域を対象にした内外の各種ガイドブックをはじめ、各博物館、施設の発行している冊子、パンフレットなどを参照させていただいた。ここに感謝の意を表する。また各施設のウェブ記事についても適宜参照させていただいたことを記し併せて感謝するものである。

■博物館所在地とアクセス

シンガポール国立博物館〈93 Stamford Rd.〉……MRTサークル線ブラス・バザー駅下車

アジア文明博物館〈1 Empress Place〉……MRT南北、東西線ラッフルズ・プレイス駅下車

プラナカン博物館〈39 Amenian St.〉……MRT南北、東西線シティ・ホール駅下車

フォート・カニング・パーク（ケラマ・イスカンダル・シャー王の墓、国立公文書館、アセアン彫刻庭園、スパイス・ガーデン、バトル・ボックス博物館）……MRT南北、東西線ドービー・ゴート駅下車

チャイナタウン・ヘリテージ・センター〈48 Pagoda St.〉……MRT東西線チャイナタウン駅下車

ババ・ハウス〈157 Neil Road St.〉……MRT東北、東西線アウトラム・パーク駅下車

マレー・ヘリテージセンター〈No.85 Sultan Gate.〉……MRT東西線ブギス駅下車

マレー・ヴィレッジ〈39 Geylang Serai Rd.〉……MRT東西線パヤ・レバ駅下車

イメージ・オブ・シンガポール……〈セントーサ島内〉

国立シンガポール大学博物館・NUS東南アジア研究センター〈50 Kent Ridge Crescent〉……MRT東西線クレメンティ駅からバス

マリーナ・バラージ〈8 Marina Gardens Drv.〉……MRT南北線マリーナ・ベイ駅から専用シャトルバス

ニューウォーター・ビジターセンター〈20 Koh Sek Lin Rd.〉……MRT東西線タナ・メラ駅下車

レッド・ドット・デザイン博物館〈28 Maxwell Road red dot traffic〉……MRT東西線チャイナタウン駅下車

ラッフルズホテル博物館〈328 North Bridge Rd.〉……MRTサークル線エスプラネード駅下車

シンガポール・コイン&紙幣博物館〈40 Pagoda St.〉……MRT東西線チャイナタウン駅下車

IRSギャラリー〈1 st storey ,Revenue House.55 Newton Rd.〉……MRT南北線ノビナ駅下車

シンガポール・シティ・ギャラリー〈45 Maxwell Road.The URA Centre〉MRT東西線タンジョン・パガー駅下車

ロイヤル・セランゴール・ギャラリー〈01-01 Clarke Quay〉……MRT東北線クラーク・キー駅下車

ランド・トランスポート・ギャラリー〈1 Hampshire Road ,BIK 1 Level 1〉ＭＲＴ東北線リトル・インディア駅下車

マリンタイム・エクスペリエンシャル・ミュージアム……〈セントーサ島内〉

マー・ライオンパーク〈1 Fullerton Rd.〉……ＭＲＴ南北、東西線ラッフルズ・プレイス駅下車

シビル・ディフェンス・ヘリテージ・センター〈62 Hill St.〉……ＭＲＴサークル線ブラス・バザー駅下車

ポリス・ヘリテージ・センター〈Porice Headquanters,New Phoenix Park 28 Imawaddy Rd.〉……ＭＲＴ南北線ノビナ駅下車

シロソ砦……〈セントーサ島内〉

軍事博物館、シンガポール・ディスカバリー・センター〈520 Upper Jurong Rd.〉……ＭＲＴ東西線ジョー・クーン駅下車

ブキット・チャンドー〈31-K Pepys Road.〉……ＭＲＴ東西線パシール・パンジャン駅（最寄駅）

チャンギ刑務所礼拝堂・博物館〈1000 Upper Road North〉

昭南オールド・フォード・ファクトリー記念館〈351 Upper Bukit Rd.〉

アート・ハウス〈1 Old Pariament Lane〉……ＭＲＴ南北、東西線ラッフルズ・プレイス駅下車

アート・ミュージアム〈71 Bras Basah Rd.〉……ＭＲＴ南北、東西線シティ・ホール駅下車

サム・アット・エイトキュー〈8 Queen St.〉……ＭＲＴ南北、東西線シティ・ホール駅下車

新加坡佛牙寺龍華院（龍華文物館）〈288 South Bridge Rd.〉……ＭＲＴ東北線チャイナタウン駅下車

シンガポール・サイエンス・センター〈15 Science Centre Rd.〉……ＭＲＴ南北、東西線ジュロン・イースト駅下車

ラッフルズ・ミュージアム〈ＮＵＳ内〉……ＭＲＴ東西線クレメンティ駅からバス

ヘルス・ゾーン〈Health Promotion Board 3 Second Hospital Avenue〉……ＭＲＴ東北、東西線アウトラム・パーク駅下車

植物園（ジンジャー・ガーデン、国立蘭園、クールハウス）〈1 Cluny Rd.〉……ＭＲＴサークル線ボタニックガーデンズ駅下車

ガーデンズ・バイ・ザ・ベイ（クラウド・フォレスト、フラワー・ドーム、アート・サイエンス・ミュージアム）

……ＭＲＴ南北線ベイフロント駅下車

中国庭園（亀の博物館、日本庭園）〈1 Chinese Garden Rd.〉……ＭＲＴ東西線チャイニーズ・ガーデン駅下車

シンガポール動物園（ナイト・サファリ）〈80 Mandai Lake Rd.〉……ＭＲＴ南北線アン・モ・キオ駅下車バス

ジュロン・バード・パーク〈2 Jurong Hill.Jurong〉……ＭＲＴ東西線ブーン・レイ駅からバス

アンダー・ウォーター・ワールド……〈セントーサ島内〉

晩晴園・孫中山南洋記念館〈12 Tai Gin Rd.〉……ＭＲＴ南北線トア・バヨ駅下車

ハウ・パー・ヴィラ（ホア・ソン・ミュージアム）〈262 Pasir panjang Rd.〉
……ＭＲＴサークル線ハウ・パー・ヴィラ駅下車

ミントおもちゃ博物館〈26 Seah St.〉……ＭＲＴサークル線エスプラネード駅下車

シンガポール切手博物館〈23B Coleman St〉……ＭＲＴ南北、東西線シティ・ホール駅下車

バタフライ・パーク……〈セントーサ島内〉

＊セントーサ島へは、ＭＲＴハーバーフロント駅でセントーサ・エクスプレスに乗り換え。

著者

中村　浩（なかむら　ひろし）
1947年大阪府生まれ。1969年立命館大学文学部史学科日本史学専攻卒業。大阪府教育委員会文化財保護課勤務を経て、大谷女子大学文学部専任講師、助教授、教授となり現在、名誉教授（校名変更で大阪大谷大学)。博士（文学)。この間、福井大学、奈良教育大学非常勤講師ほか、宗教法人龍泉寺代表役員（住職)。専攻は、日本考古学、博物館学、民族考古学（東アジア窯業史)、日本仏教史。
『河内飛鳥古寺再訪』、『須恵器』、『和泉陶邑窯の研究』、『古代窯業史の研究』、『古墳文化の風景』、『古墳時代須恵器の編年的研究』、『須恵器集成図録』、『古墳時代須恵器の生産と流通』、『新訂考古学で何がわかるか』、『博物館学で何がわかるか』、『和泉陶邑窯の歴史的研究』、『和泉陶邑窯出土須恵器の型式編年』、『泉北丘陵に広がる須恵器窯―陶邑遺跡群』『須恵器から見た被葬者像の研究』などの考古学関係書のほか、2005年から「ぶらりあるき博物館」シリーズを執筆、刊行中。既刊は『ぶらりあるきパリの博物館』『ぶらりあるきウィーンの博物館』『ぶらりあるきロンドンの博物館』『ぶらりあるきミュンヘンの博物館』『ぶらりあるきオランダの博物館』『ぶらりあるきマレーシアの博物館』『ぶらりあるきバンコクの博物館』『ぶらりあるき香港・マカオの博物館』の８冊（いずれも芙蓉書房出版)。

ぶらりあるきシンガポールの博物館

2013年4月30日　第１刷発行

著　者
中村《なかむら》　浩《ひろし》

発行所
㈱芙蓉書房出版
（代表　平澤公裕）
〒113-0033東京都文京区本郷3-3-13
TEL 03-3813-4466　FAX 03-3813-4615
http://www.fuyoshobo.co.jp

印刷・製本／モリモト印刷

ISBN978-4-8295-0583-0